# 科学也可以很有趣
## 记忆游戏
MEMORY TESTS

【法】吕西亚诺·戈西 / 著

赵济鸿 / 译

上海科学技术文献出版社
Shanghai Scientific and Technological Literature Press

图书在版编目（CIP）数据

记忆游戏 /（法）吕西亚诺·戈西著；赵济鸿译 .—上海：上海科学技术文献出版社，2011.2
　ISBN 978-7-5439-4720-7

　Ⅰ.①智力… Ⅱ.①吕…②赵… Ⅲ.①智力游戏 Ⅳ.
①G898.2

中国版本图书馆 CIP 数据核字（2011）001360 号

Jeux de mémoire
© Ellipses Edition Marketing
DIVAS INTERNATIONAL （迪法国际）代理本书中文版权。
contact@divas.fr.

Copyright in the Chinese language translation (Simplified character rights only) © 2018 Shanghai Scientific & Technological Literature Publishing House
All Rights Reserved
版权所有，翻印必究

图字：09-2017-555

选题策划：张　树
责任编辑：杨凯茹
封面设计：许　菲

## 记 忆 游 戏

[法] 吕西亚诺·戈西　著　赵济鸿　译
出版发行：上海科学技术文献出版社
地　　址：上海市长乐路 746 号
邮政编码：200040
经　　销：全国新华书店
印　　刷：江苏常熟市人民印刷厂
开　　本：720×1000　1/16
印　　张：8
版　　次：2011 年 2 月第 1 版　2018 年 8 月第 2 次印刷
书　　号：ISBN 978-7-5439-4720-7
定　　价：26.00 元
http://www.sstlp.com

# 前言

大家知道，人们对于感兴趣的事物总是更容易记得住。严格说来，记忆与我们的选择性、亲和性有关。因为有些人可能会说他们能够记得住电话号码，但却记不住生日。有些人能够轻松准确地记住那些历史日期，但却会忘记前一夜讲过的话语。还有一些人虽然很善于识别别人的外貌，但对于与脸对应的名字，他们会张冠李戴。记忆的复杂性就如我们刚刚所描述的那样，形式繁多，丰富复杂。所以日常经验显示，我们能够尽力描绘出多少可以熟记下来的场景，就有多少记忆的形式。

我们推介的这本书的内容就是关于这种能力，而且里面包含了各种类型的游戏。我们正是希望通过此书使读者对于记忆的运用能够从完全选择性的层面提升到具有充分主动性的程度。这本书具有的娱乐性及其趣味性可以让您在自娱自乐的同时提高您的记忆能力。

要提醒大家的是，读者手里的这本书既不包含学校里的记忆练习，也没有那些意在为记忆缺陷带来治疗手段的心理测试。这本书搜罗的多种多样的游戏，都是用于提高读者信息（言语或非言语）记忆方面的能力。虽然整本书都是关于记忆的智力训练，但是为了能够冷静而全神贯注于这些游戏，一些智力上的能力，诸如注意力、集中力，还有组合能力，同样也会涉及到。

就像锻炼肌肉一样，我们亦需要一些持久且有规律的练习来保持记忆能力，从而提高并巩固这个能力。

# 注意事项

√ 这本书包含好几个系列的游戏,每个系列包括10个各不相同的游戏,这些游戏都是以记忆言语或非言语信息为重点。10个游戏为一个系列,构造一组记忆的练习模块。

√ 每10个游戏组成的一个新系列里,游戏难度将逐渐递增。

√ 为了能够达到这套游戏训练的最佳效果,建议大家仔细阅读游戏指令,在思考后面的答案选项时不能再翻看前一页的内容;另外书中的某些游戏适合两个人一起合作,特别是标题为"错行记忆"的游戏。

√ 每个游戏指定的时间限制属于理想的平均标准。因此您可以按照自己的能力,或者根据在游戏过程中取得的进步情况来调整时间。

√ 虽然您只要返回前页就可以看到答案,但是为了方便起见,我们还是在本书的最后为您提供了每一组游戏的答案。

# 配对游戏

1. 请在一分钟内观察以下图案,然后回答下一页提出的问题。

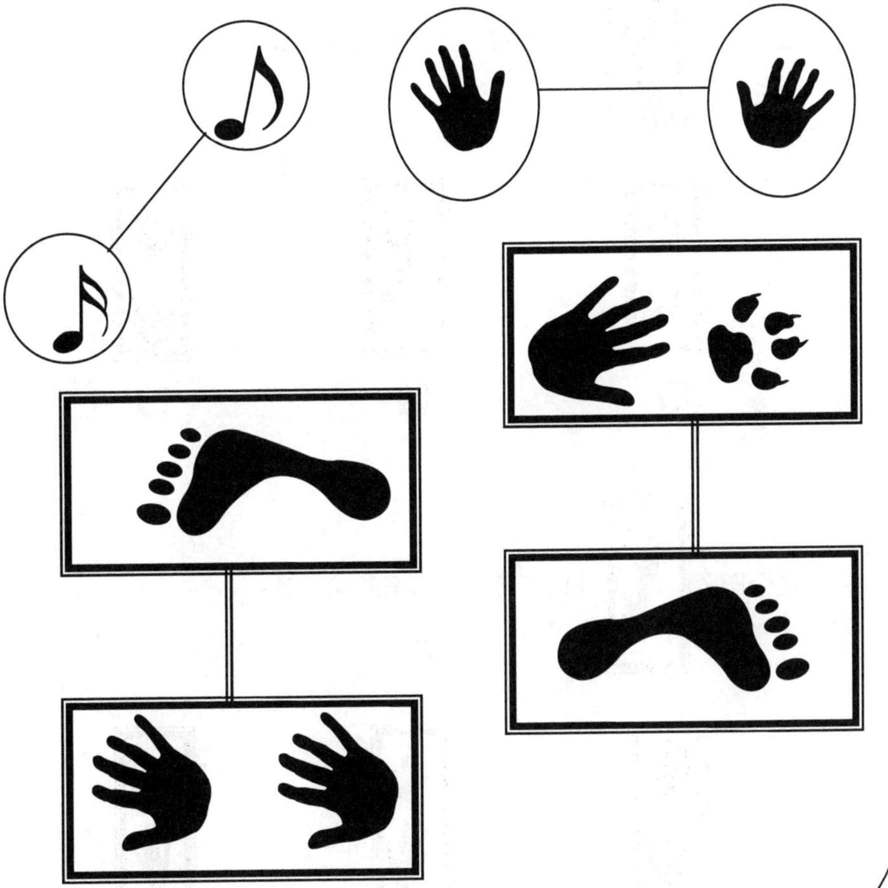

(1) 这个图案  与以下哪一个图案配成一对？

(2) 这个图案  与以下哪一个图案配成一对？

(3) 这个图案  与以下哪一个图案配成一对？

（4）这个图案  与以下哪一个图案配成一对？

# 纸牌游戏

2. 请在一分钟内观察以下这些纸牌,然后回答下一页提出的问题。

(1) 总共有几张纸牌？

❑ 5 张　　　　　　　❑ 9 张

❑ 7 张　　　　　　　❑ 12 张

(2) 这张牌 出现了几张？

❑ 1 张　　　　　　　❑ 3 张

❑ 2 张　　　　　　　❑ 0 张

(3) 哪种花色的纸牌出现的最多？

❑ 红桃　　　　　　　❑ 黑桃

❑ 方块　　　　　　　❑ 梅花

(4) 这张牌 出现了几张？

❑ 2 张　　　　　　　❑ 4 张

❑ 3 张　　　　　　　❑ 0 张

(5) 总共有几张花色为红心的纸牌？

❑ 3 张　　　　　　　❑ 5 张

❑ 4 张　　　　　　　❑ 7 张

# 重组游戏

3. 请在一分钟内观察以下图表,然后回答下一页提出的问题。

请按照原先图表重新排列这些标注有字母的图片，将与图片对应的字母填入相应的空格。

a

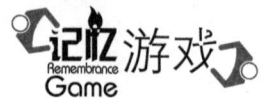

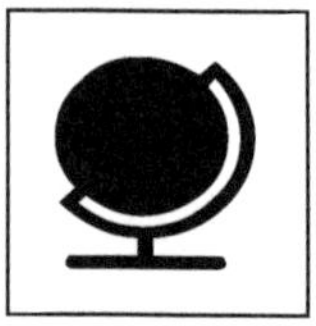

b

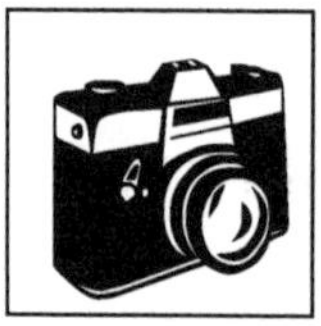

c

d

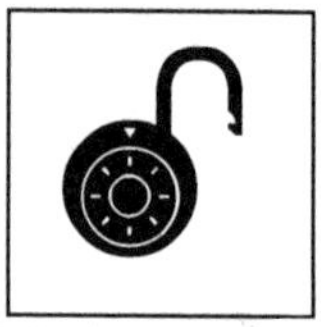

| | | |
|---|---|---|
| | | |
| | | |
| | | |

e

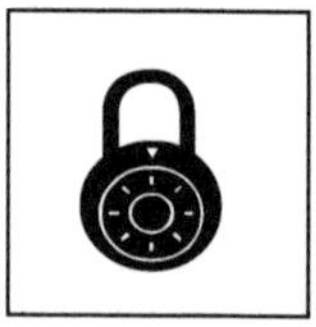

i

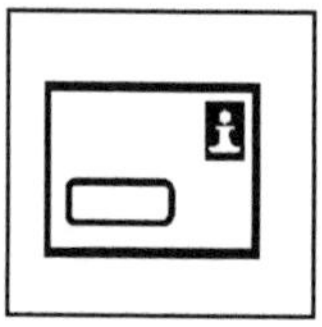

f

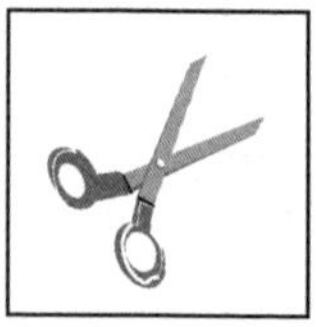

g

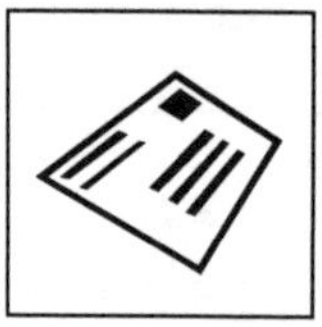

h

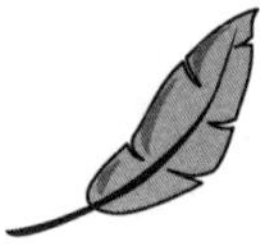

# 数字游戏

4. 请在一分钟内观察以下图表,然后回答下一页提出的问题。

(1) 总共有几个数字？

❏ 15 个  ❏ 9 个

❏ 7 个  ❏ 12 个

(2) 有几个数字 7？

❏ 2 个  ❏ 4 个

❏ 3 个  ❏ 5 个

(3) 数字 9 是以什么图形出现？

❏ 圆形  ❏ 方形

❏ 星形  ❏ 三角形

(4) 有几个数字 4？

❏ 1 个  ❏ 3 个

❏ 2 个  ❏ 7 个

(5) 哪个数字是唯一以横写形式出现的？

❏ 4  ❏ 3

❏ 9  ❏ 7

# 错行记忆

**5.** 请仔细阅读下文两遍,然后回答下一页提出的问题。

塞甘先生的山羊从来没有让他开心过。他老是以相同的方式丢失他的羊:在一个美好的早晨,山羊们弄断绳索后跑到山上,然后又被狼吃掉了。主人对它们的照拂也好还是羊对于狼的恐惧也好,什么都不能羁绊住它们的脚步。它们似乎是一群不受束缚的山羊,不惜一切代价地向往广阔天地和自由。这位善良的塞甘先生理解不了他的这些羊的个性,他感到又惊奇又懊丧。他说:"一切都结束了;这些羊在我家待得不开心,我不会再养一只羊。"然而,他并没有气馁,在以相同方式丢了第六只羊后,他又买了第七只;只是这一次,他留意挑了一只特别小的幼仔,好让这只小羊更好地适应住在他家的生活。

阿方斯·都德《塞甘先生的山羊》

指令如下：您不可以回答第一个问题。当第二个问题提问结束，您需要回答第一个问题，依此类推。游戏开始！

A. 山羊的主人叫什么？

B. 这些山羊是怎么逃跑的？

C. 这些山羊跑去哪里了？

D. 这些失踪的山羊发生了什么事情？

E. 这个人已经丢了几只山羊了？

F. 这个人是按什么标准来购买最后一只山羊的？

**您的答案**

A. ......................................................

B. ......................................................

C. ......................................................

D. ......................................................

E. ......................................................

F. ......................................................

# 混搭画面

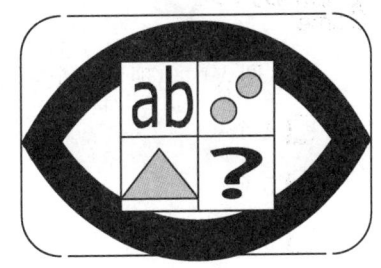

**6.** 请用两分钟观察下图，然后回答下一页提出的问题。

```
A                           B
┌───┬───┬───┬───┬───┐
│ G │ E │ N │ I │ E │
├───┼───┼───┼───┼───┤
│ L │ ← │ E │ ← │ R │
├───┼───┼───┼───┼───┤
│ A │ M │ O │ U │ R │
├───┼───┼───┼───┼───┤
│ C │ ← │ N │ ← │ E │
├───┼───┼───┼───┼───┤
│ E │ S │ S │ O │ R │
└───┴───┴───┴───┴───┘
C                           D
```

(1) 图表中出现了几个字母 E？

☐ 4 个

☐ 5 个

☐ 6 个

☐ 7 个

(2) 哪两个单词是以字母 G 开头的？

☐ Grand

☐ Glace

☐ Géant

☐ Génie

(3) 图表里一共有几个箭头？

☐ 2 个

☐ 3 个

☐ 4 个

☐ 5 个

(4) 图表中的箭头方向指向哪里？

☐ 向上

☐ 向下

☐ 向右

☐ 向左

(5) 图表中出现了几个字母 R？

☐ 1 个

☐ 2 个

☐ 3 个

☐ 4 个

(6) 下列单词中哪一个出现在图表中？

❑ Rotor

❑ Neige

❑ Place

❑ Essor

(7) 下列单词中哪一个是横向排列的？

❑ Néons

❑ Génie

❑ Glace

❑ Errer

(8) BC 对角线上有几个元音字母？

❑ 1 个

❑ 2 个

❑ 3 个

❑ 0 个

(9) AD 对角线上有几个辅音字母？

❑ 1 个

❑ 2 个

❑ 3 个

❑ 0 个

(10) 这张图表中一共有几个元音字母？

❑ 4 个

❑ 6 个

❑ 8 个

❑ 10 个

# 购物清单

7. 请在两分钟内熟记以下清单,然后回答下一页提出的问题。

**朱斯蒂娜**
- ✓ 1千克番茄
- ✓ 2个橘子
- ✓ 2个柠檬
- ✓ 1个卡门贝干酪

**马利翁**
- ✓ 2根法棍
- ✓ 1千克橘子
- ✓ 1块牛排骨
- ✓ 2千克番茄

(1) 谁负责买 2 千克番茄？

❏ 朱斯蒂娜　　　❏ 马利翁　　　❏ 两个人都不需要

(2) 谁必须要去一趟肉店？

❏ 朱斯蒂娜　　　❏ 马利翁　　　❏ 两个人都不需要

(3) 谁必须要买一块卡门贝干酪？

❏ 朱斯蒂娜　　　❏ 马利翁　　　❏ 两个人都不需要

(4) 朱斯蒂娜需要买几个柠檬？

❏ 1 个柠檬　　　❏ 1 千克柠檬

❏ 2 个柠檬　　　❏ 0

(5) 马利翁要买几个橘子？

❏ 2 个橘子　　　❏ 1 千克橘子

❏ 3 个橘子　　　❏ 0

(6) 下面几个选项中，哪一项没有被列入朱斯蒂娜的购物清单？

❏ 桔子　　　❏ 法棍

❏ 番茄　　　❏ 卡门贝干酪

# 视觉集中力

8. 请在两分钟内仔细观察下图,然后回答下一页提出的问题。

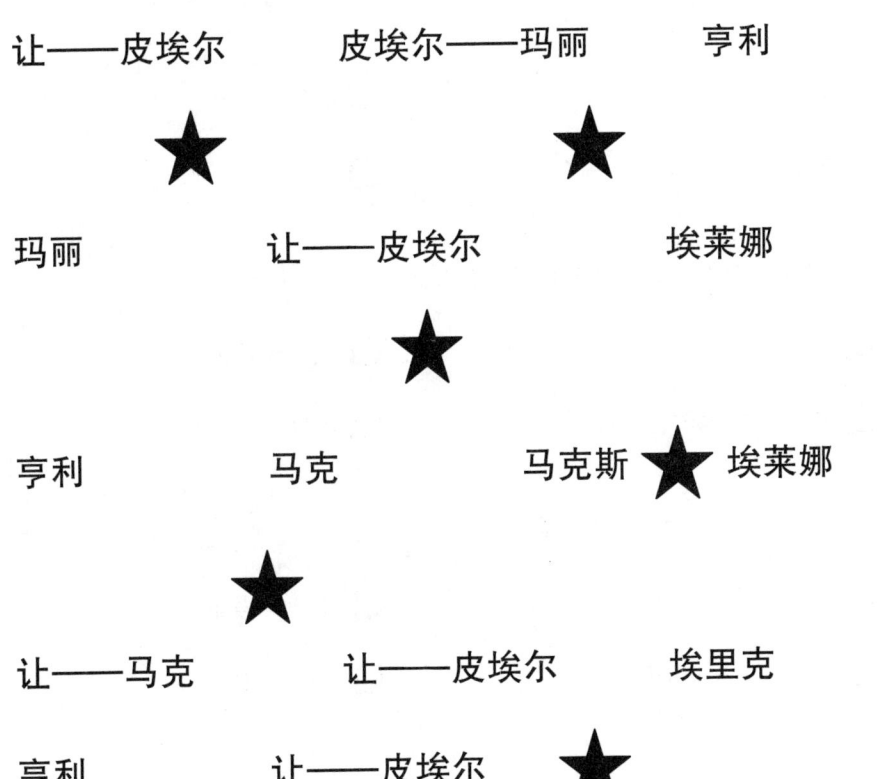

(1) 图中一共有几颗星星?

❑ 4 颗　　　　　　　　　❑ 6 颗

❑ 5 颗　　　　　　　　　❑ 7 颗

(2) 图中有几个男性名字?

❑ 3 个　　　　　　　　　❑ 8 个

❑ 7 个　　　　　　　　　❑ 9 个

(3) 图中有几个女性名字?

❑ 1 个　　　　　　　　　❑ 3 个

❑ 2 个　　　　　　　　　❑ 4 个

(4) 下列名字中,哪一个没有出现在图中?

❑ 让——马克　　　　　　❑ 让——玛丽

❑ 让——皮埃尔　　　　　❑ 皮埃尔——玛丽

(5) 哪个名字在图中出现得最多?

❑ 亨利　　　　　　　　　❑ 让——玛丽

❑ 皮埃尔——玛丽　　　　❑ 让——皮埃尔

# 完形填空

**9. 仔细读下文两遍,然后回答下一页提出的问题。**

船员们通常抓一些信天翁这种巨大的海鸟来取乐。
当船掠过那些剧烈的漩涡时,这些懒洋洋的旅行伴侣总是紧随其后。

当船员们把它们放在甲板上,这些天空的骄傲就显得那么的笨拙和局促,
它们耷拉着巨大的白色翅膀,就像在身体两侧拖着一对船桨。

这位身带双翼的旅行者,现在是多么的呆笨和羸弱!
曾经是那么的美丽,如今却变得滑稽而难堪!
有人拿短管烟斗戏弄它的鸟喙,
有人摇摇摆摆地学它走路,
这个曾经翱翔天宇的家伙现在成了个残疾。

那些伟大的诗人就像这云彩之骄子
博弈风雨,无视弓弩;
而当它在一片嘘声中被放逐于地面时,
这对巨翼却也成为了它前进的羁绊。

请在虚线上填上原文的文字。

### 信天翁

＿＿＿＿＿通常抓一些＿＿＿＿＿这种巨大的海鸟来取乐。
当船掠过那些剧烈的漩涡时,这些＿＿＿＿＿的旅行伴侣总是紧随其后。

当船员们一把它们放在甲板上,这些天空的骄傲就显得那么的笨拙和局促,
它们耷拉着巨大的白色＿＿＿＿＿,就像在身两侧拖着一对＿＿＿＿＿。

这位身带双翼的旅行者,现在是多么的＿＿＿＿＿和＿＿＿＿＿!
曾经是那么的美丽,如今却变得滑稽而难堪!
有人拿短管烟斗戏弄它的鸟喙,
有人摇摇摆摆地学它走路,
这个曾经翱翔天宇的家伙现在成了个残疾。

那些伟大的＿＿＿＿＿就像这云彩之骄子
博弈风雨,无视弓弩;
而当它在一片嘘声中被放逐于地面时,
这对＿＿＿＿＿却也成为了它＿＿＿＿＿的羁绊。

夏尔·波德莱尔
法国诗人(1821—1867)

# 多米诺骨牌游戏

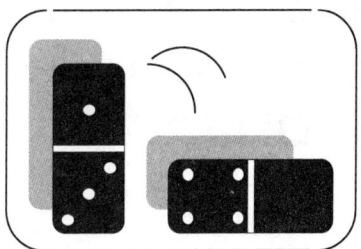

10. 在一分钟内仔细观察以下这些多米诺骨牌,然后回答下一页提出的问题。

(1) 一共有几张多米诺骨牌？

☐ 5 张     ☐ 7 张

☐ 6 张     ☐ 9 张

(2) 带 2 点的多米诺骨牌一共有几张？

☐ 1 张     ☐ 3 张

☐ 2 张     ☐ 4 张

(3) 直立摆放的多米诺骨牌有几张？

☐ 2 张     ☐ 4 张

☐ 3 张     ☐ 5 张

(4) 这张多米诺骨牌 出现了几张？

☐ 1 张     ☐ 3 张

☐ 2 张     ☐ 0 张

(5) 这张多米诺骨牌 出现了几张？

☐ 2 张     ☐ 4 张

☐ 3 张     ☐ 0 张

# 配对游戏

11. 在一分钟内仔细观察下图,然后回答下一页提出的问题。

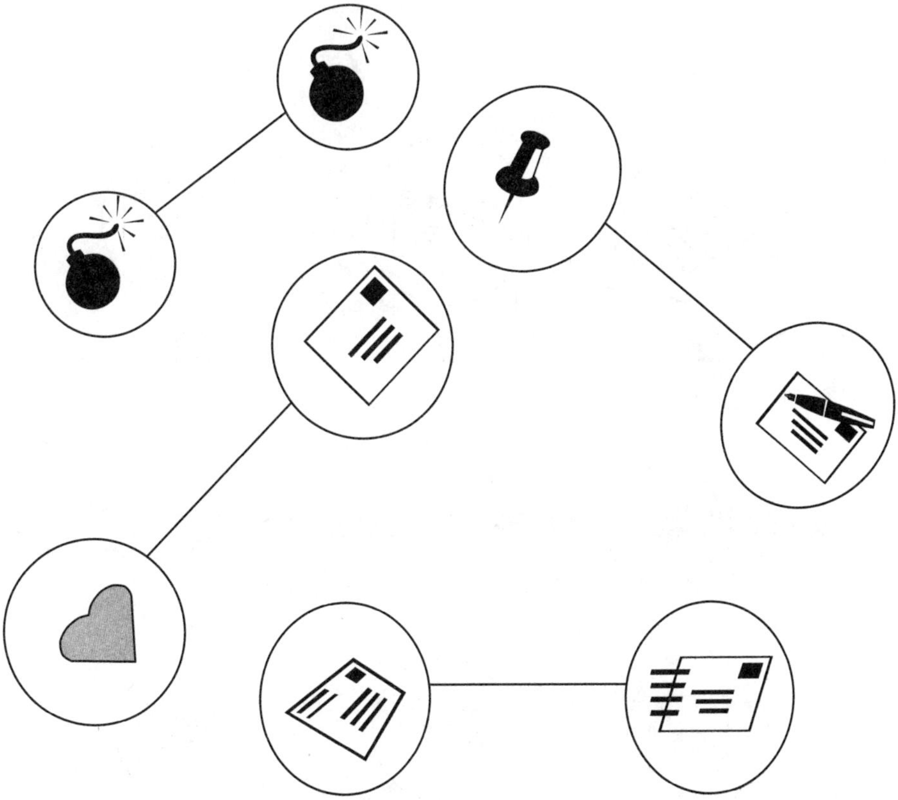

(1) 这个图案  与以下哪一个图案配成一对？

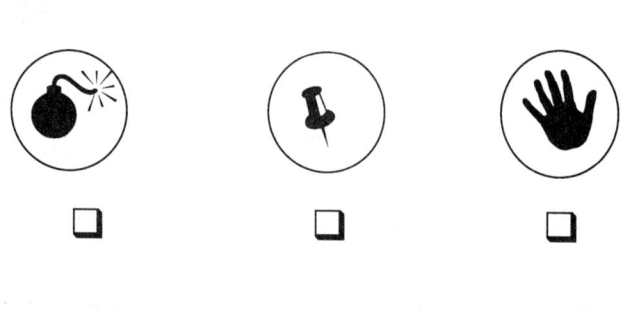

(2) 这个图案  与以下哪一个图案配成一对？

(3) 这个图案  与以下哪一个图案配成一对？

(4) 这个图案 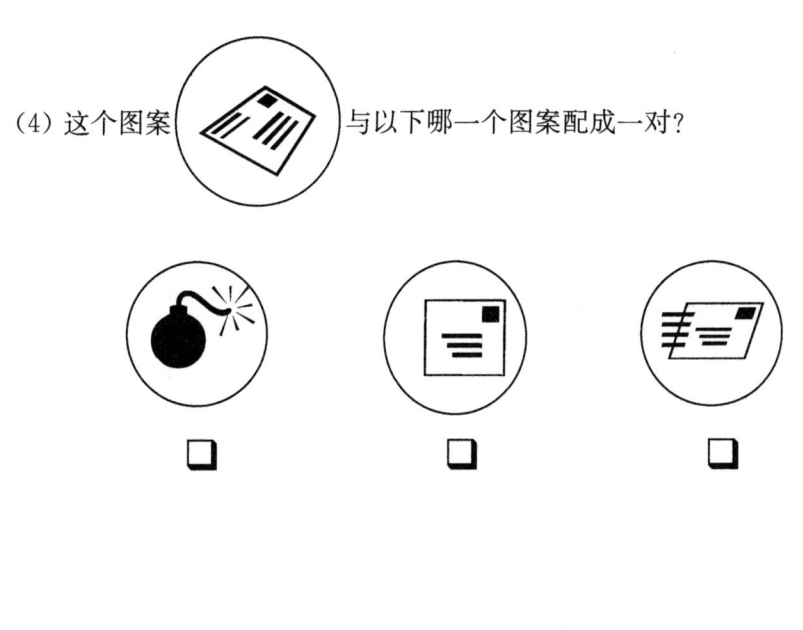 与以下哪一个图案配成一对?

❏　　　❏　　　❏

31

# 纸牌游戏

12. 请在一分钟内仔细观察一下这些纸牌,然后回答下一页提出的问题。

(1) 一共有几张纸牌?

☐ 8张   ☐ 12张

☐ 14张  ☐ 10张

(2) 这张牌  出现了几张?

☐ 2张   ☐ 1张

☐ 3张   ☐ 0张

(3) 哪种花色的纸牌最多?

☐ 红桃  ☐ 黑桃

☐ 方块  ☐ 梅花

(4) 这张牌  出现了几张?

☐ 2张   ☐ 4张

☐ 3张   ☐ 0张

(5) 图中画面为"侍从"的纸牌一共有几张?

☐ 1张   ☐ 2张

☐ 3张   ☐ 4张

# 重组游戏

13. 请在一分钟内仔细观察下图,然后回答下一页提出的问题。

| ZUT | OK | HEY! |
|---|---|---|
| OUI | HA? | |
| BAH | NON | HO |

请按照原先图表重新排列这些标注有字母的图片,将图片对应的字母填入相应的空格。

# 数字游戏

14. 请在一分钟内观察以下图表,然后回答下一页提出的问题。

(1) 一共有几个数字?

❑ 11 个　　　　　　　　❑ 12 个

❑ 13 个　　　　　　　　❑ 14 个

(2) 数字 3 出现了几个?

❑ 1 个　　　　　　　　❑ 3 个

❑ 2 个　　　　　　　　❑ 4 个

(3) 数字 7 是以什么图形出现的?

❑ 圆形　　　　　　　　❑ 方形

❑ 气泡状　　　　　　　❑ 菱形

(4) 数字 6 出现了几个?

❑ 1 个　　　　　　　　❑ 3 个

❑ 2 个　　　　　　　　❑ 4 个

(5) 下列数字中,哪一个数字不是以白色字体出现图表中?

❑ 3　　　　　　　　　❑ 6

❑ 7　　　　　　　　　❑ 8

# 错行记忆

**15. 请仔细阅读下文两遍,然后回答下一页提出的问题。**

热罗姆24岁,希尔维22岁,他俩都是社会心理学家。这个工作严格说来算不上一个行业,甚至也不算个职业,它就是按照很多技巧就各种话题来采访一些人。这个工作并不容易,它至少需要具有高度的集中力,但是它也有利可图,报酬相对不错,并且也能够让他俩有蛮多的自由时间。

就像他们的同事那样,热罗姆和希尔维之所以成为心理学家也是出于需要而非兴趣。另外,也没有人知道那些很惰性的自由会将他们引向何处。对于他们来说,那也是生活经历的使然。

乔治·佩里克《那些事》

指令如下：您不可以回答第一个问题。当第二个问题提问结束，您需要回答第一个问题，依此类推。游戏开始！

A. 希尔维几岁？

B. 第二个主人公名叫什么？

C. 这两个人从事什么职业？

D. 本文选自哪一部作品？

E. 这部著作的作者的名字？

F. 文中的主人公是出于什么原因选择了这个职业？

您的答案

A. _____

B. _____

C. _____

D. _____

E. _____

F. _____

# 混搭画面

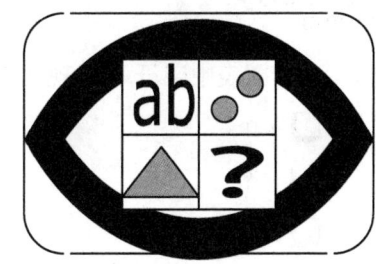

**16.** 请用两分钟观察下图,然后回答下一页提出的问题。

| A | | | | B |
|---|---|---|---|---|
| T | A | B | A | C |
| R | ⇧ | O | ⇧ | L |
| A | N | N | E | E |
| I | ♥ | N | ⇧ | F |
| N | U | E | E | S |
| C | | | | D |

(1) 图表中字母 N 出现几个？

☐ 4 个

☐ 5 个

☐ 6 个

☐ 7 个

(2) 图表中有几个箭头？

☐ 1 个

☐ 2 个

☐ 3 个

☐ 4 个

(3) 图表中箭头的方向？

☐ 向上

☐ 向左

☐ 向右

☐ 向下

(4) 图表中有几颗心？

☐ 0 颗

☐ 3 颗

☐ 2 颗

☐ 1 颗

(5) 图表中字母 E 出现几个？

☐ 4 个

☐ 3 个

☐ 2 个

☐ 1 个

# 购物清单

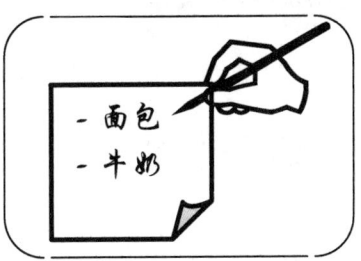

**17.** 请在两分钟内熟记以下清单,然后回答下一页提出的问题。

| 法比耶纳 | 阿蒂尔 |
|---|---|
| ✓ 2 千克橘子 | ✓ 800 克半软荷兰干酪 |
| ✓ 2 根法棍 | ✓ 2 千克香米 |
| ✓ 3 块牛排骨 | ✓ 1 根小棍面包 |
| ✓ 500 克榛子 | ✓ 1 千克番茄 |
| ✓ 12 颗鲜鸡蛋 | |

(1) 谁负责买 3 千克番茄?

☐ 法比耶纳　　　☐ 阿蒂尔　　　☐ 没有人

(2) 两人中谁必须去面包店买东西?

☐ 法比耶纳　　　☐ 阿蒂尔　　　☐ 两人都要

(3) 两人中谁必须买 12 颗鲜鸡蛋?

☐ 法比耶纳　　　☐ 阿蒂尔　　　☐ 两人都要

(4) 阿蒂尔需要买多少半软荷兰干酪?

☐ 200 克　　　☐ 800 克

☐ 500 克　　　☐ 1 千克

(5) 两人中谁必须去肉店买东西?

☐ 法比耶纳　　　☐ 阿蒂尔　　　☐ 两个人都要

(6) 下面几个选项中,哪一项没有被列入法比耶纳的购物清单?

☐ 1 根小棍面包　　　☐ 2 根法棍

☐ 12 颗鲜鸡蛋　　　☐ 2 千克桔子

# 视觉集中力

**18.** 请在两分钟内仔细观察下图，然后回答下一页提出的问题。

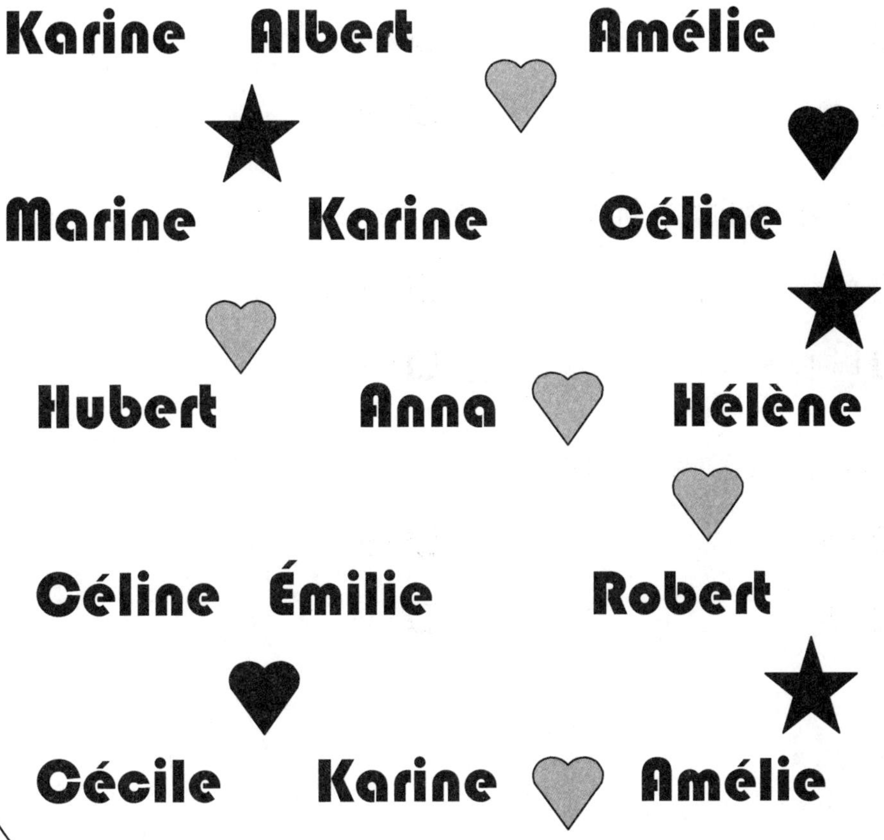

Karine　Albert　　Amélie

Marine　　Karine　　Céline

Hubert　　Anna　　Hélène

Céline　Émilie　　Robert

Cécile　　Karine　　Amélie

(1) 图中一共有几颗心形?

☐ 4 颗   ☐ 6 颗

☐ 5 颗   ☐ 7 颗

(2) 图中男性名字有几个?

☐ 1 个   ☐ 3 个

☐ 2 个   ☐ 4 个

(3) 图中一共有几颗灰色心形?

☐ 2 颗   ☐ 4 颗

☐ 3 颗   ☐ 5 颗

(4) 下列名字中哪一个并没有出现在图表中?

☐ Amélie   ☐ Aurélie

☐ Émilie   ☐ Cécile

(5) 图中一共有几颗黑色星星?

☐ 2 颗   ☐ 4 颗

☐ 3 颗   ☐ 5 颗

# 完形填空

**19. 仔细读下文两遍,然后回答下一页提出的问题。**

我是个阴郁的人——鳏夫——不得慰藉的人,
废弃城楼里的君王。
我唯一的星星已然逝去——而我那缀满繁星的鲁特诗琴,
承载着那忧郁的黑色阳光。

夜幕下,陵园里,你给我安慰,
请还给我吧,波希利堡和意大利的海,
还有那曾给我那荒凉的内心带来如此愉悦的鲜花,
和那葡萄棚架,那里葡萄藤与玫瑰缠绵交织。

我是爱神还是腓比斯?……吕济尼昂还是比隆?
我的额头还有着女王香吻留下的红唇印。
我曾神游于美人鱼嬉戏的岩洞中……

而且我曾两次成功横渡阿歇隆河,
在俄尔甫斯的里拉琴上演绎出抑扬顿挫,
时而是圣人的叹息,时而是仙女的莺语。

请在虚线上填上原文的文字。

## 不幸的人

我是个阴郁的人——＿＿＿＿——＿＿＿＿，
　　废弃城楼里的君王。
我唯一的星星已然＿＿＿＿——而我那缀满繁星的鲁特诗琴
　　承载着那忧郁的黑色＿＿＿＿。

夜幕下，陵园里，你给我安慰，
　　请还给我吧，波希利堡和＿＿＿＿的海，
还有那曾给我那＿＿＿＿的内心带来如此愉悦的鲜花，
　　和那葡萄棚架，那里葡萄藤与玫瑰缠绵交织。

我是爱神还是腓比斯？……吕济尼昂还是比隆？
　　我的额头还有着女王香吻留下的＿＿＿＿。
我曾神游于美人鱼嬉戏的岩洞中……

而且我曾两次＿＿＿＿横渡阿歇隆河，
　　在＿＿＿＿的里拉琴上演绎出抑扬顿挫，
时而是圣人的＿＿＿＿，时而是仙女的莺语。

　　　　　　　　　　　　热拉尔·德·内瓦尔
　　　　　　　　　　　　法国诗人(1808—1855)

# 多米诺骨牌游戏

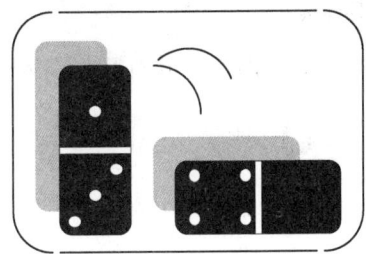

20. 在一分钟内仔细观察以下这些多米诺骨牌,然后回答下一页提出的问题。

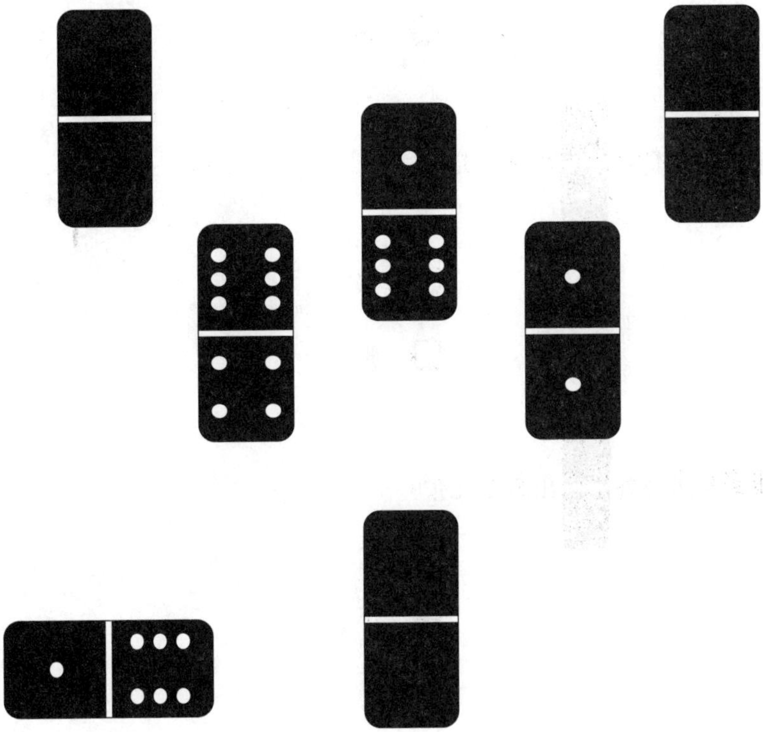

(1) 图中一共有几张多米诺骨牌？

　　❑ 4 张　　　　　　❑ 6 张

　　❑ 5 张　　　　　　❑ 7 张

(2) 点数为 4 的骨牌有几张？

　　❑ 1 张　　　　　　❑ 3 张

　　❑ 2 张　　　　　　❑ 4 张

(3) 水平放置的骨牌有几张？

　　❑ 1 张　　　　　　❑ 3 张

　　❑ 2 张　　　　　　❑ 4 张

(4) 这张多米诺骨牌出现了几张？

　　❑ 1 张　　　　　　❑ 3 张

　　❑ 2 张　　　　　　❑ 0 张

(5) 这张多米诺骨牌出现了几张？

　　❑ 1 张　　　　　　❑ 3 张

　　❑ 2 张　　　　　　❑ 0 张

# 配对游戏

21. 在两分钟内仔细观察下图,然后回答下一页提出的问题。

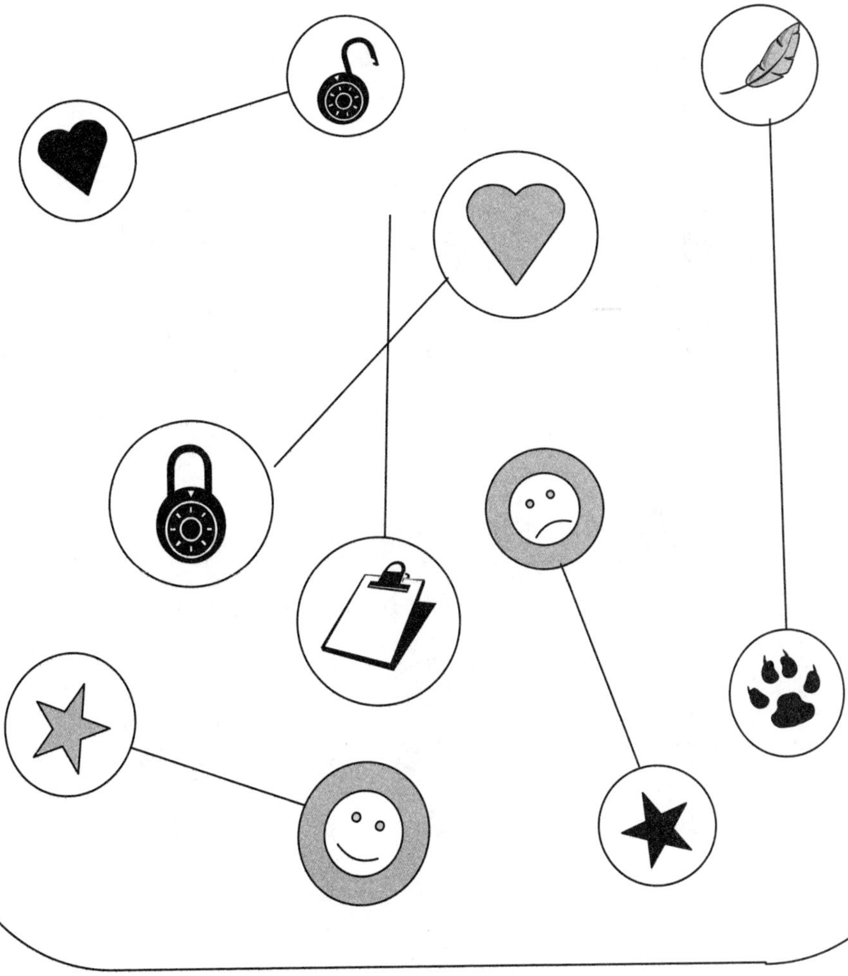

(1) 这个图案 [♥] 与以下哪一个图案配成一对？

☐   ☐   ☐

(2) 这个图案 [🔓] 与以下哪一个图案配成一对？

☐   ☐   ☐

(3) 这个图案 [★] 与以下哪一个图案配成一对？

☐   ☐   ☐

(4) 这个图案  与以下哪一个图案配成一对?

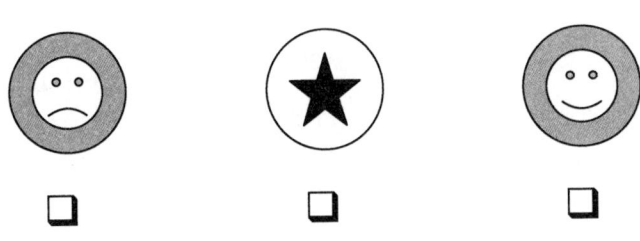

(5) 这个图案  与以下哪一个图案配成一对?

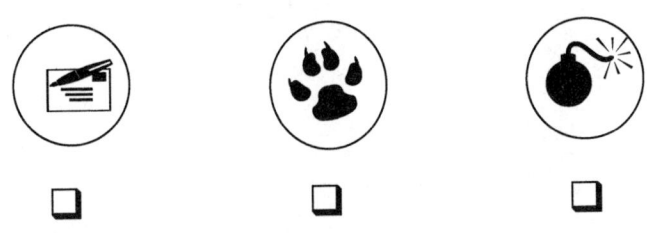

(6) 下列选项中哪一幅图没有成对出现?

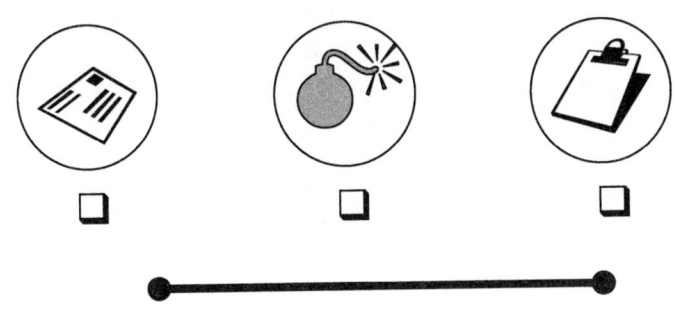

# 纸牌游戏

**22.** 请在两分钟内仔细观察一下这些纸牌，然后回答下一页提出的问题。

# 记忆游戏 Remembrance Game

(1) 图中一共有几张纸牌？

❏ 8 张　　　　　　❏ 11 张

❏ 12 张　　　　　❏ 13 张

(2) 这张牌  出现了几张？

❏ 2 张　　　　　　❏ 3 张

❏ 4 张　　　　　　❏ 5 张

(3) 哪一种花色的纸牌出现得最多？

❏ 红桃　　　　　　❏ 黑桃

❏ 方块　　　　　　❏ 梅花

(4) 这张牌  出现了几张？

❏ 2 张　　　　　　❏ 3 张

❏ 4 张　　　　　　❏ 0 张

(5) 这张牌  出现了几张？

❏ 2 张　　　　　　❏ 3 张

❏ 4 张　　　　　　❏ 0 张

(6) 图中哪一张牌被水平放置的?

☐ 红桃皇后　　　　　☐ 红桃 8

☐ 梅花 8　　　　　　☐ 梅花皇后

(7) 这张牌  出现了几张?

☐ 2 张　　　　　　　☐ 3 张

☐ 4 张　　　　　　　☐ 0 张

# 重组游戏

**23.** 请在一分钟内仔细观察下图,然后回答下一页提出的问题。

请按照原先图表重新排列这些标注有字母的图片，将与图片对应的字母填入相应的空格。

a

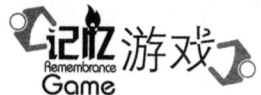

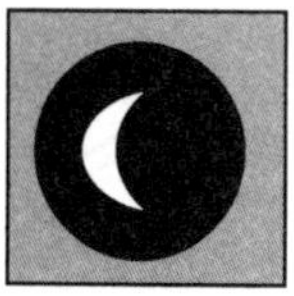

b

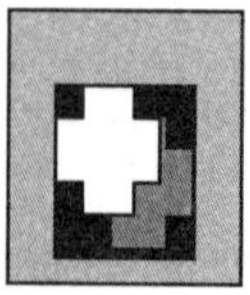

c

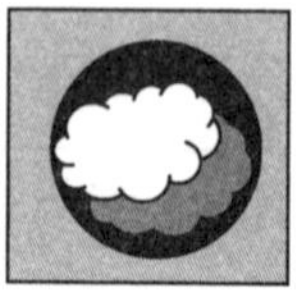

d

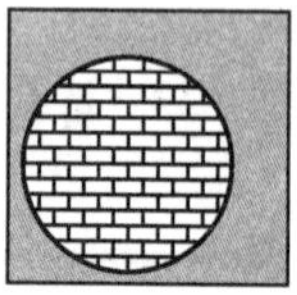

| | | |
|---|---|---|
| | | |
| | | |
| | | |

e

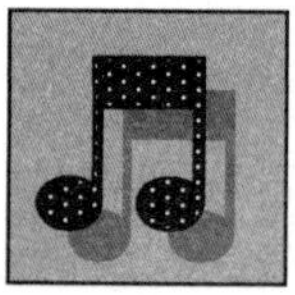

i

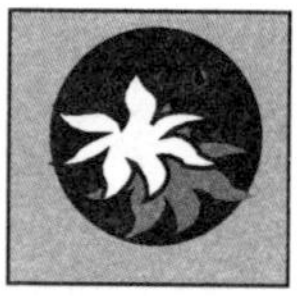

f

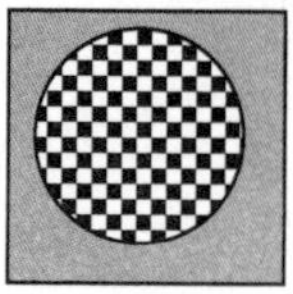

g

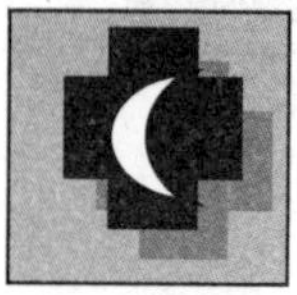

h

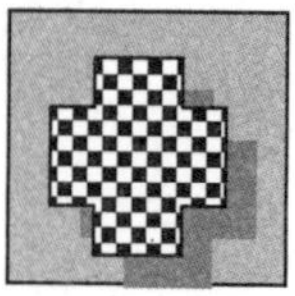

# 数字游戏

24. 请在一分钟内观察以下图表,然后回答下一页提出的问题。

(1) 一共有几个数字?

❏ 8个  ❏ 10个

❏ 12个  ❏ 14个

(2) 数字6出现了几个?

❏ 1个  ❏ 3个

❏ 2个  ❏ 4个

(3) 数字2是以什么图形出现的?

❏ 圆形  ❏ 方形

❏ 矩形  ❏ 星形

(4) 数字8出现了几个?

❏ 1个  ❏ 3个

❏ 2个  ❏ 4个

(5) 下列选项中,哪一个数字没有出现在图中?

❏ 2  ❏ 6

❏ 4  ❏ 9

# 错行记忆

**25.** 请仔细阅读下文一遍,然后回答下一页提出的问题。

从前有个老汉,他有三个儿子,但是他全部财产就一栋宅子,而且因为这栋房子是他的父亲留给他的,所以他也不能把它卖了换成钱分给他的三个儿子。正为这事儿犹豫不决的时候,他突然想到一个主意:"你们出去闯一下世界吧!"他有一天这么对他的儿子们说,"你们每个人都去学一样能让你们生活的手艺,等学徒期结束,你们就赶紧回来;谁能向我证明他的手艺最令人信服,谁就能继承我的房子。"

于是,三个儿子就动身出发了。他们决定:一个要成为马蹄铁匠,一个要成为理发师,还有一个则是剑术师。出发前他们约定了某一天某一刻,他们将重聚在一起,回到父亲的屋檐下。

格林兄弟《三兄弟》

指令如下：您不可以回答第一个问题。当第二个问题提问结束，您需要回答第一个问题，依此类推。游戏开始！

A. 老汉有几个儿子？
B. 老汉拥有的唯一财产是什么？
C. 这座宅子将以什么条件留给三个儿子中的其中一个？
D. 请指出文中提到的第一个职业！
E. 请指出文中提到的第二个职业！
F. 请指出最后一个职业！

您的答案

A. _____
B. _____
C. _____
D. _____
E. _____
F. _____

# 混搭画面

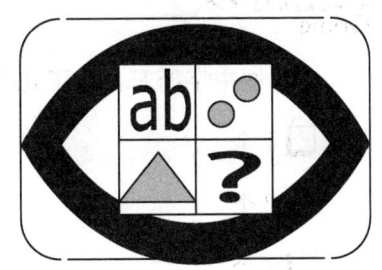

26. 请用两分钟观察下图,然后回答下一页提出的问题。

A　　　　　　　　　　　　　　　　B

| C | R | I | M | E |
|---|---|---|---|---|
| H | → | ⇩ | → | P |
| A | R | M | E | E |
| T | ⇧ | O | ⇧ | E |
| S | O | I | R | S |

C　　　　　　　　　　　　　　　　D

(1) 图中字母 E 出现了几个?

☐ 1 个

☐ 2 个

☐ 3 个

☐ 4 个

(2) 图中字母 O 出现了几个?

☐ 0 个

☐ 1 个

☐ 2 个

☐ 3 个

(3) 图中一共有几个元音字母?

☐ 9 个

☐ 8 个

☐ 7 个

☐ 6 个

(4) 图中一共有几个箭头?

☐ 3 个

☐ 4 个

☐ 5 个

☐ 6 个

(5) 图中一共有几个白色箭头?

☐ 7个

☐ 4个

☐ 3个

☐ 2个

(6) 图中的黑色箭头方向?

☐ 向上

☐ 向下

☐ 向左

☐ 向右

(7) BC对角线上有几个元音字母?

☐ 1个

☐ 2个

☐ 3个

☐ 4个

# 购物清单

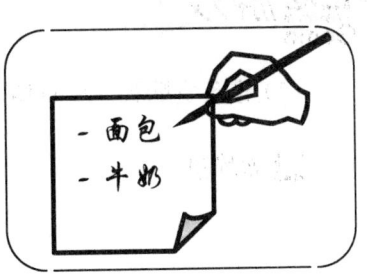

27. 请在两分钟内熟记以下清单,然后回答下一页提出的问题。

**蒂埃里** | **朱丽叶**

- ✓ 1升牛奶
- ✓ 2块无盐面包
- ✓ 6块羊排
- ✓ 4块葡萄干面包
- ✓ 2块巧克力面包
- ✓ 1千克黄香蕉苹果

- ✓ 2片火腿
- ✓ 1罐果酱
- ✓ 200克草莓
- ✓ 3千克番茄
- ✓ 1千克新鲜面食

(1) 谁负责购买 500 克橘子？

☐ 蒂埃里　　　　☐ 朱丽叶　　　　☐ 没有人

(2) 两人中谁负责购买甜酥式面包？

☐ 蒂埃里　　　　☐ 朱丽叶　　　　☐ 没有人

(3) 两人中谁必须购买 1 千克新鲜面食？

☐ 蒂埃里　　　　☐ 朱丽叶　　　　☐ 两人都需要

(4) 朱丽叶需要购买多少草莓？

☐ 200 克　　　　☐ 800 克

☐ 500 克　　　　☐ 1 千克

(5) 两人中谁负责购买一罐果酱？

☐ 蒂埃里　　　　☐ 朱丽叶　　　　☐ 两人都需要

(6) 下列选项中，哪一项没有列入蒂埃里的购物清单？

☐ 1 升牛奶　　　　☐ 2 块无盐面包

☐ 2 块巧克力面包　　☐ 2 片火腿

(7) 下列选项中,哪一项没有列入朱丽叶的购物清单?

☐ 1 罐果酱　　　　☐ 1 千克新鲜面食

☐ 3 千克番茄　　　☐ 1 千克黄香蕉苹果


(8) 蒂埃里需要购买多少羊排?

☐ 2 块　　　　　　☐ 6 块

☐ 4 块　　　　　　☐ 8 块

# 视觉注意力

**28.** 请在两分钟内仔细观察下图,然后回答下一页提出的问题。

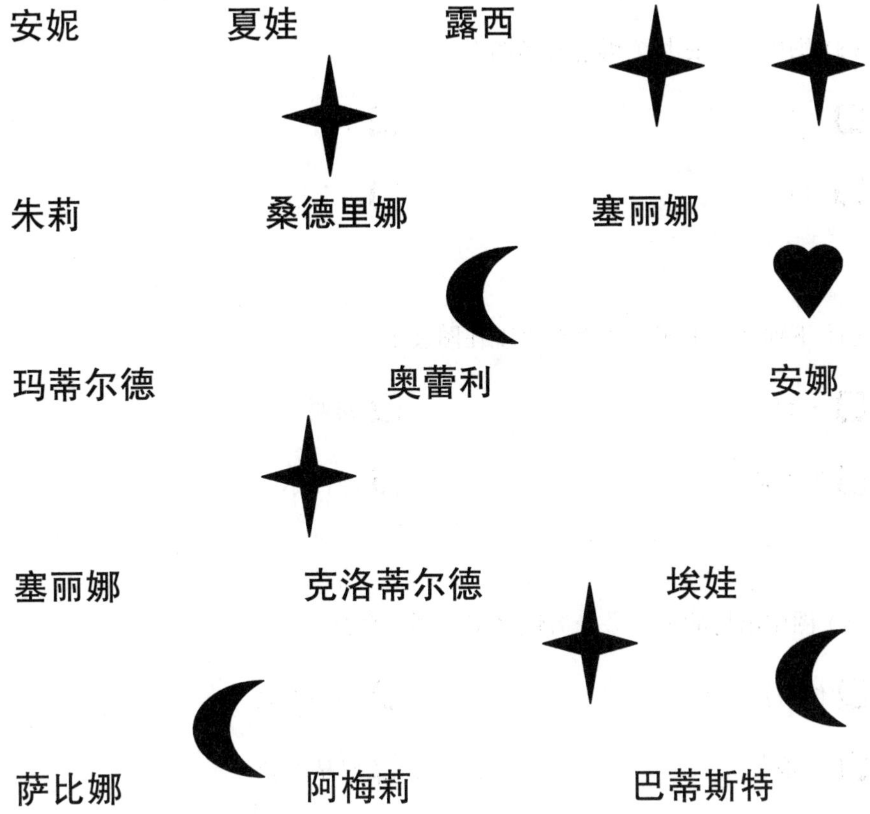

| 安妮 | 夏娃 | 露西 | | |
| --- | --- | --- | --- | --- |
| 朱莉 | 桑德里娜 | 塞丽娜 | | |
| 玛蒂尔德 | 奥蕾利 | 安娜 | | |
| 塞丽娜 | 克洛蒂尔德 | 埃娃 | | |
| 萨比娜 | 阿梅莉 | 巴蒂斯特 | | |

(1) 图中一共有几个黑色月亮?

☐ 2个  ☐ 4个

☐ 3个  ☐ 5个

(2) 图中一共有几个男性名字?

☐ 1个  ☐ 3个

☐ 2个  ☐ 4个

(3) 图中一共有几个黑色心形图案?

☐ 1个  ☐ 3个

☐ 2个  ☐ 4个

(4) 下列名字中哪一个没有出现在图表中?

☐ 朱莉  ☐ 露西

☐ 塞丽娜  ☐ 露西尔

(5) 图中出现的唯一一个男性名字是哪一个?

☐ 伯努瓦  ☐ 帕特里克

☐ 马蒂斯  ☐ 巴蒂斯特

# 完形填空

**29.** 仔细读下文两遍,然后回答下一页提出的问题。

女人逗弄着猫咪,
夜色中,凝脂般的玉手和洁白的猫爪互相嬉戏,
这个景象真是赏心悦目啊。

女人掩盖着邪恶!
在黑网露指手套下,
她那玛瑙般的致命指甲,
锋利且透彻,就如一把剃刀。

猫咪也装出一副温顺的样子,
收起它那锐利的爪子,
但是魔鬼的本性并没消失。

在音质效果极好的闺房里,
飘来她那空灵的笑声,
两双眼睛在黑暗中发出犀利的亮光。

请在虚线上填上原文的文字。

## 女人与猫

女人逗弄着＿＿＿＿，
＿＿＿＿中，＿＿＿＿般的玉手和洁白的＿＿＿＿互相嬉戏，
这个景象真是＿＿＿＿啊。

女人掩盖着＿＿＿＿！
在黑网露指手套下，
她那玛瑙般的＿＿＿＿指甲，
锋利且透彻，就如一把＿＿＿＿。

猫咪也装出一副温顺的样子，
收起它那锐利的＿＿＿＿，
但是＿＿＿＿的本性并没消失。

在音质效果极好的＿＿＿＿里，
飘来她那空灵的笑声，
两双＿＿＿＿在黑暗中发出犀利的亮光。

保罗·魏尔伦
法国诗人(1844—1896)

# 多米诺骨牌游戏

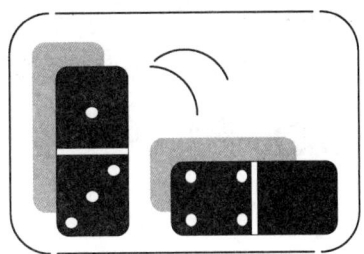

30. 在一分钟内仔细观察以下这些多米诺骨牌,然后回答下一页提出的问题。

记忆游戏
Remembrance Game

(1) 图中一共有几张多米诺骨牌？

❑ 4 张 　　　　　　　　❑ 8 张

❑ 6 张 　　　　　　　　❑ 10 张

(2) 点数为 4 的骨牌有几张？

❑ 2 张 　　　　　　　　❑ 4 张

❑ 3 张 　　　　　　　　❑ 5 张

(3) 水平放置的骨牌有几张？

❑ 1 张 　　　　　　　　❑ 3 张

❑ 2 张 　　　　　　　　❑ 4 张

(4) 这张多米诺骨牌  出现了几张？

❑ 1 张 　　　　　　　　❑ 3 张

❑ 2 张 　　　　　　　　❑ 0 张

(5) 这张多米诺骨牌  出现了几张？

❑ 1 张 　　　　　　　　❑ 3 张

❑ 2 张 　　　　　　　　❑ 0 张

# 配对游戏

**31.** 在一分钟内仔细观察下图,然后回答下一页提出的问题。

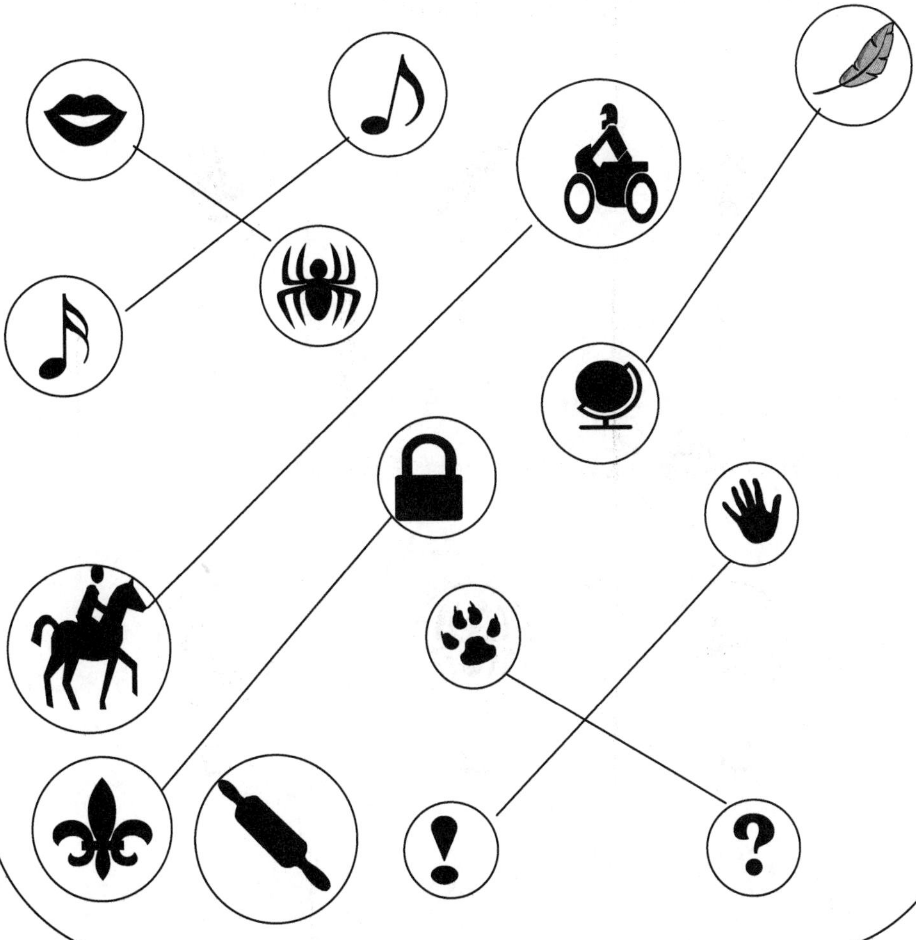

(1) 这个图案 ![!] 与以下哪一个图案配成一对？

(2) 这个图案 ![?] 与以下哪一个图案配成一对？

(3) 这个图案 ![嘴] 与以下哪一个图案配成一对？

(7) 这个图案 与以下哪一个图案配成一对?

□　　　　□　　　　□

(8) 下列选项中哪一幅图没有成对出现?

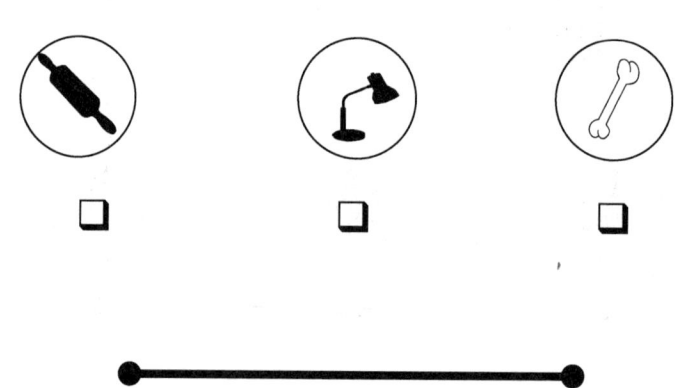

□　　　　□　　　　□

# 纸牌游戏

**32.** 请在一分钟内仔细观察一下这些纸牌,然后回答下一页提出的问题。

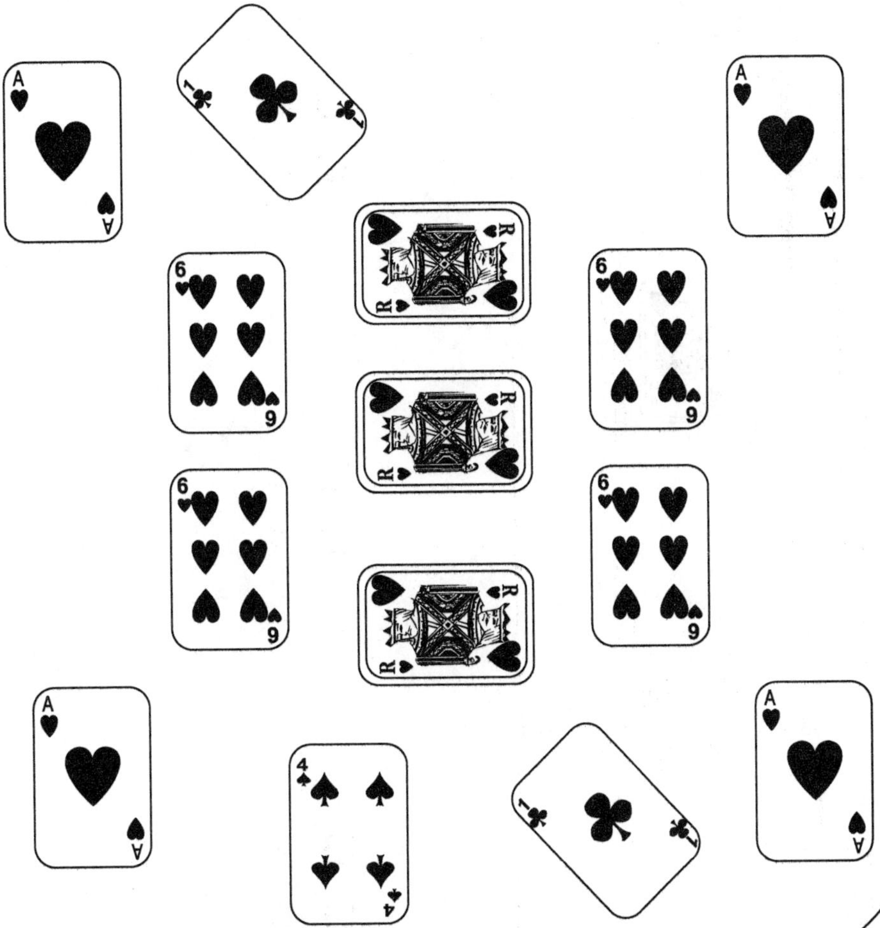

(1) 图中一共有几张纸牌?

☐ 8 张 ☐ 12 张

☐ 14 张 ☐ 16 张

(2) 图中一共有几张 A?

☐ 4 张 ☐ 8 张

☐ 6 张 ☐ 10 张

(3) 哪一种花色的纸牌出现得最多?

☐ 红桃 ☐ 黑桃

☐ 方块 ☐ 梅花

(4) 这张牌  出现了几张?

☐ 2 张 ☐ 3 张

☐ 4 张 ☐ 0 张

(5) 这张牌  出现了几张?

☐ 2 张 ☐ 3 张

☐ 4 张 ☐ 0 张

(6) 水平放置的纸牌有几张?

☐ 3 张　　　　　　　　　　☐ 4 张

☐ 6 张　　　　　　　　　　☐ 0 张


(7) 图中一共有几张红桃 A?

☐ 1 张　　　　　　　　　　☐ 3 张

☐ 2 张　　　　　　　　　　☐ 4 张


(8) 这张牌  出现了几张?

☐ 2 张　　　　　　　　　　☐ 3 张

☐ 4 张　　　　　　　　　　☐ 0 张


(9) 图中被倾斜放置的两张牌是什么牌?

☐ 梅花 2　　　　　　　　　☐ 梅花 A

☐ 方块 A　　　　　　　　　☐ 方块 2

# 重组游戏

33. 请在一分钟内仔细观察下图,然后回答下一页提出的问题。

请按照原先图表重新排列这些标注有字母的图片,将与图片对应的字母填入相应的空格。

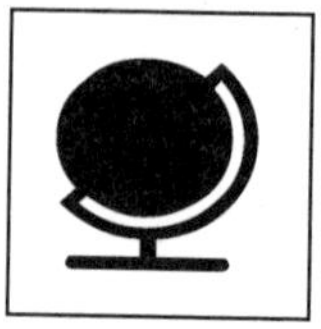

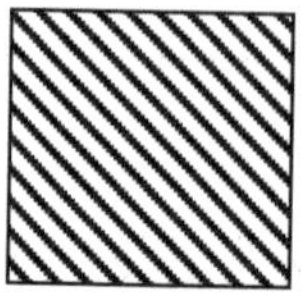

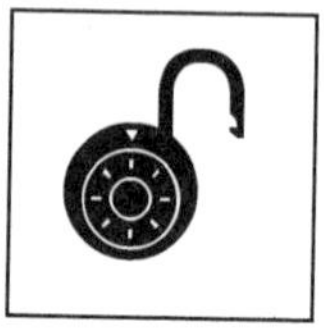

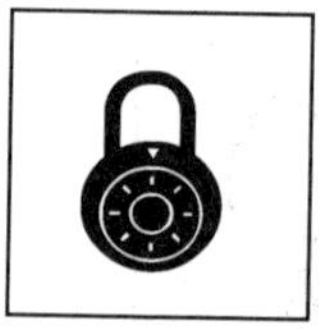

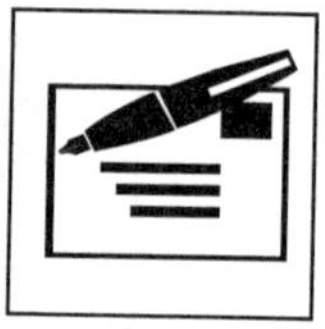

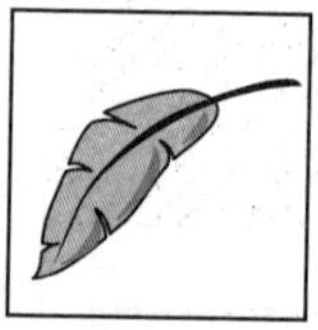

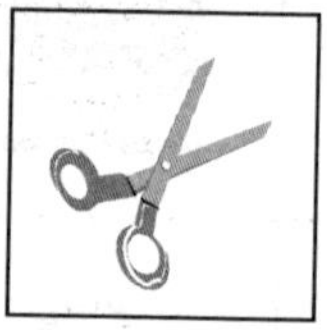

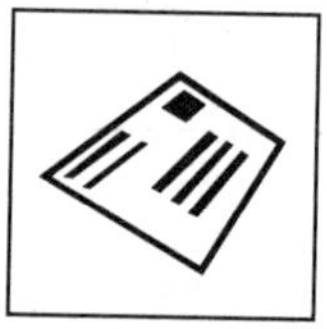

88

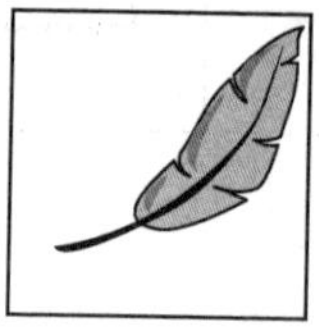

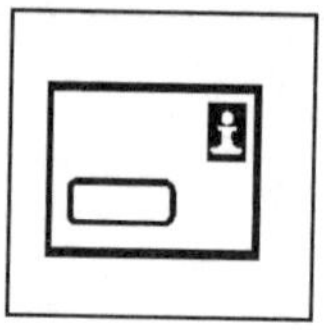

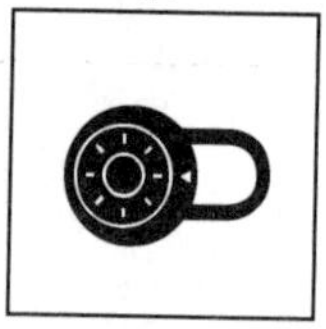

## 数字游戏

**34.** 请在一分钟内观察以下图表,然后回答下一页提出的问题。

(1) 一共有几个数字?

❏ 10　　　　　　　　　❏ 15

❏ 12　　　　　　　　　❏ 18


(2) 数字 10 出现了几个?

❏ 1个　　　　　　　　❏ 3个

❏ 2个　　　　　　　　❏ 4个


(3) 数字 4 以什么图形出现?

❏ 圆形　　　　　　　　❏ 方形

❏ 矩形　　　　　　　　❏ 星形


(4) 数字 4 出现了几个?

❏ 4个　　　　　　　　❏ 6个

❏ 5个　　　　　　　　❏ 7个


(5) 下列数字中哪一个没有出现在图中?

❏ 3　　　　　　　　　❏ 6

❏ 4　　　　　　　　　❏ 7

# 错行记忆

**35.** 请仔细阅读下文一遍,然后回答下一页提出的问题。

天气炎热,气温高达33度,因而布尔东大道上空无一人。圣马丁运河的船闸已关闭,运河的低陷处汩汩地流淌着污水。中间有一条装满木头的小艇,河渠两侧的陡坡上放着两排木桶。在运河的对面,一些工地间隔着几座宅子,这些宅子间映出大片天青石板一样纯净的天空,在阳光的反射下,白色的墙面、灰色的屋顶、花岗岩铺成的堤岸,一切都是那么的耀眼。燥热的空气中,从远处传来一阵混杂的喧闹声;而无论是对于星期天的闲人来说,还是就夏日的忧伤而言,这一切都显得令人伤感。这时,出现了两个人,一个从巴士底狱过来,另一个从植物园过来。身材最魁梧的那个人,身穿布衫,帽子向后戴,马甲的扣子都已经解开了,领带拿在手上。身材瘦小的那个人,裹着一件栗色的礼服,戴着一顶尖尖的鸭舌帽,低着头走路。

*福楼拜《布法与佩居谢》*

指令如下:您不可以回答第一个问题。当第二个问题提问结束,您需要回答第一个问题,依此类推。游戏开始!

A. 哪一条大道完全没有人烟?

B. 气温几度?

C. 墙面是什么颜色?

D. 描写的场景发生在什么日子?

E. 穿布衫的男人手里拿着什么?

F. 这篇文章摘自哪本著作?

您的答案

A.

B.

C.

D.

E.

F.

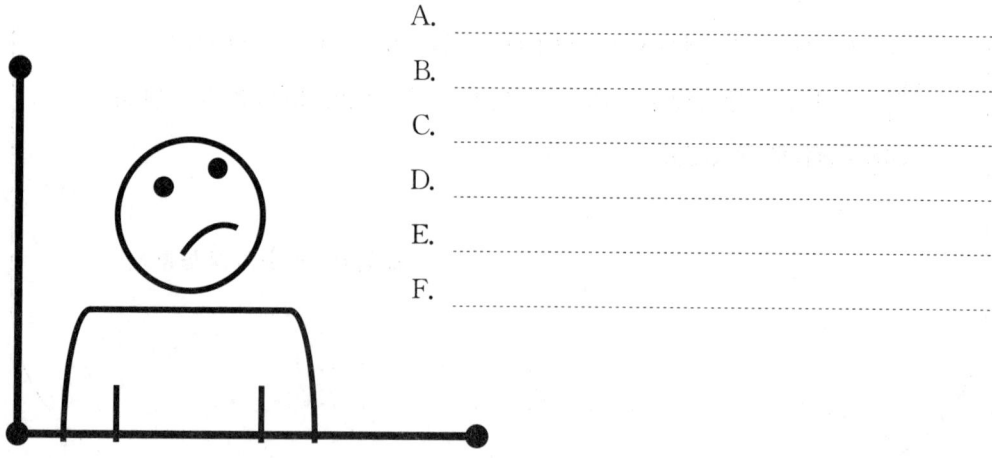

# 混搭画面

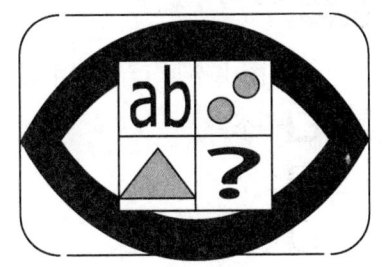

**36.** 请用一分钟观察下图,然后回答下一页提出的问题。

A  B

| P | L | E | I | N |
|---|---|---|---|---|
| R | ⬇ | ⬇ | ⬇ | O |
| E | C | R | O | U |
| T | ⬆ | U | ⬆ | E |
| S | U | E | U | R |

C  D

(1) 图中字母 U 出现了几个？

☐ 1个

☐ 2个

☐ 3个

☐ 4个

(2) 图中字母 E 出现了几个？

☐ 4个

☐ 2个

☐ 1个

☐ 5个

(3) 图中一共有几个箭头？

☐ 5个

☐ 2个

☐ 3个

☐ 4个

(4) 图中一共有几个黑色箭头？

☐ 1个

☐ 2个

☐ 3个

☐ 4个

(5) 白色箭头的方向?

❏ 向下

❏ 向上

❏ 向左

❏ 向右

(6) AD 对角线上的黑色箭头朝向哪里?

❏ 向右

❏ 向左

❏ 向上

❏ 向下

(7) 图中字母 R 出现了几个?

❏ 2 个

❏ 3 个

❏ 4 个

❏ 5 个

# 购物清单

37. 请在一分钟内熟记以下清单,然后回答下一页提出的问题。

| 波利娜 | 安娜 |
|---|---|
| ✓ 1千克土豆<br>✓ 1个睡袋<br>✓ 1瓶香水<br>✓ 3盒香烟<br>✓ 2把牙刷<br>✓ 2管牙膏<br>✓ 600克碎肉 | ✓ 6片火腿<br>✓ 1千克泰米<br>✓ 12棵苦苣<br>✓ 400克碎肉<br>✓ 100克瑞士格鲁耶尔干酪丝<br>✓ 700克樱桃 |

(1) 谁负责购买 600 克碎肉？

❑ 波利娜　　　❑ 安娜　　　❑ 没有人

(2) 两人中谁负责购买香烟？

❑ 波利娜　　　❑ 安娜　　　❑ 没有人

(3) 两人中谁需要去香水店？

❑ 波利娜　　　❑ 安娜　　　❑ 两人都要去

(4) 安娜需要购买多少樱桃？

❑ 400 克　　　❑ 600 克

❑ 500 克　　　❑ 700 克

(5) 两人中谁负责购买一个睡袋？

❑ 波利娜　　　❑ 安娜　　　❑ 没有人

(6) 下列选项中哪一个没有被列入波利娜的购物清单？

❑ 400 克碎肉　　　❑ 2 把牙刷

❑ 2 千克土豆　　　❑ 1 瓶香水

(7) 下列选项中哪一个没有被列入安娜的购物清单?

❏ 400 克碎肉　　　　❏ 100 克瑞士格鲁耶尔干酪丝

❏ 600 克碎肉　　　　❏ 700 克樱桃

(8) 波利娜需要购买几盒香烟?

❏ 2 盒　　　　❏ 3 盒

❏ 4 盒　　　　❏ 5 盒

(9) 安娜需要购买多少苦苣?

❏ 6 棵　　　　❏ 10 棵

❏ 8 棵　　　　❏ 12 棵

(10) 安娜需要购买几片火腿?

❏ 8 片　　　　❏ 12 片

❏ 6 片　　　　❏ 0 片

# 视觉注意力

38. 请在一分钟内仔细观察下图,然后回答下一页提出的问题。

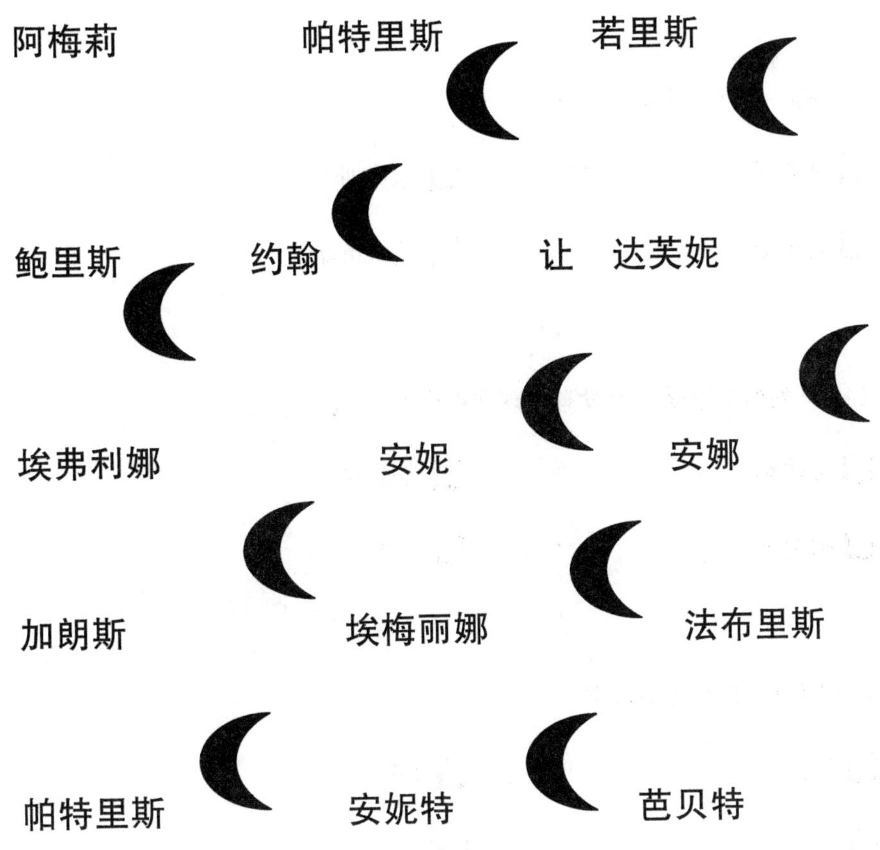

阿梅莉　　帕特里斯　　若里斯

鲍里斯　　约翰　　让　达芙妮

埃弗利娜　　安妮　　安娜

加朗斯　　埃梅丽娜　　法布里斯

帕特里斯　　安妮特　　芭贝特

(1) 图中一共有几个黑色月亮？

❑ 6个 ❑ 10个

❑ 8个 ❑ 12个

(2) 女性名字中以"安"开头的名字有几个？

❑ 1个 ❑ 3个

❑ 2个 ❑ 4个

(3) 哪一个名字重复了两遍？

❑ 法布里斯 ❑ 鲍里斯

❑ 若里斯 ❑ 帕特里斯

(4) 下列名字中哪一个没有出现在图中？

❑ 奥德利 ❑ 奥蕾利

❑ 阿梅莉 ❑ 安妮

(5) 图中一共有几个名字？

❑ 5个 ❑ 9个

❑ 7个 ❑ 11个

# 完形填空文章

**39.** 仔细读下文一遍,然后回答下一页提出的问题。

今夜我不会来征服你那愚蠢的身体,
它承载凡夫俗子的罪恶,也不会
在你邪恶的发丛里找寻出一个悲伤风暴,
它被铺盖在从我的亲吻流注出来的难以挥散的烦恼之下。

我渴求你的床榻让我酣睡无梦,
那些笼罩在内疚的莫名帷幔之下的梦,
继你的那些黑色谎言之后你亦能体会,
你并没有比那些死人知道得更多。

因为罪恶啃噬着我的高贵,
我和你一样被它打上了贫瘠的烙印,
然而你那石头般的胸中却住着一颗心。

任何罪恶的利齿也无法将它伤害,
当我独自卧眠,
我裹着被衾逃避,苍白,萎靡,
恐惧死亡。

请在虚线上填上原文的文字。

## 焦 虑

今夜我不会来 _____ 你那愚蠢的身体，
它承载凡夫俗子的 _____ ，也不会
在你邪恶的发丛里 _____ 出一个悲伤 _____ ，
它被铺盖在从我的 _____ 流注出来的难以挥散的烦恼之下。

我渴求你的床榻让我酣睡无 _____ ，
那些笼罩在内疚的莫名帷幔之下的梦，
继你的那些黑色 _____ 之后你亦能体会，
你并没有比那些死人知道得更多。

因为罪恶 _____ 着我的高贵，
我和你一样被它打上了贫瘠的烙印，
然而你那石头般的 _____ 却住着一颗心。

任何 _____ 的利齿也无法将它伤害，
当我独自卧眠，
我裹着 _____ 逃避，苍白，萎靡，
恐惧 _____ 。

斯特凡·马拉美

法国诗人(1842—1898)

# 多米诺骨牌游戏

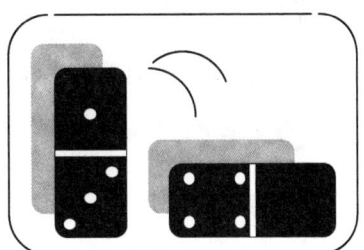

40. 在一分钟内仔细观察以下这些多米诺骨牌,然后回答下一页提出的问题。

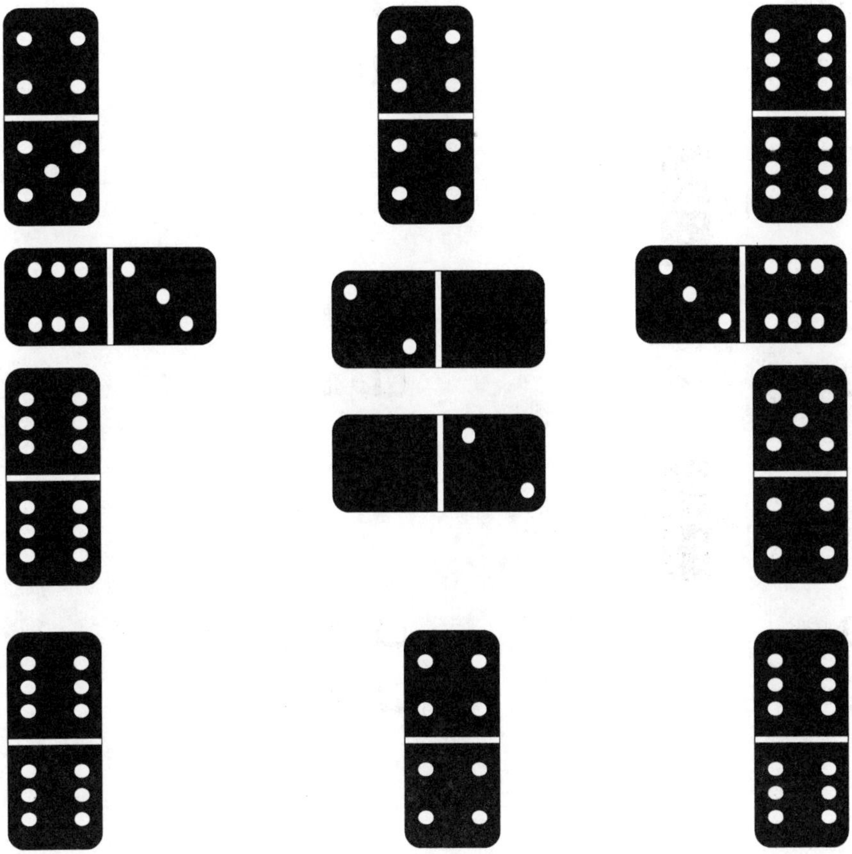

(1) 图中一共有几张多米诺骨牌？

❏ 8 张　　　　　　❏ 12 张

❏ 10 张　　　　　 ❏ 14 张

(2) 点数为 4 的骨牌有几张？

❏ 2 张　　　　　　❏ 6 张

❏ 4 张　　　　　　❏ 8 张

(3) 被水平放置的骨牌有几张？

❏ 2 张　　　　　　❏ 4 张

❏ 3 张　　　　　　❏ 5 张

(4) 这张骨牌 出现了几张？

❏ 1 张　　　　　　❏ 3 张

❏ 2 张　　　　　　❏ 0 张

(5) 这张骨牌 出现了几张？

❏ 1 张　　　　　　❏ 3 张

❏ 2 张　　　　　　❏ 0 张

# 配对游戏

41. 请在一分钟内仔细观察下图,然后回答下一页提出的问题。

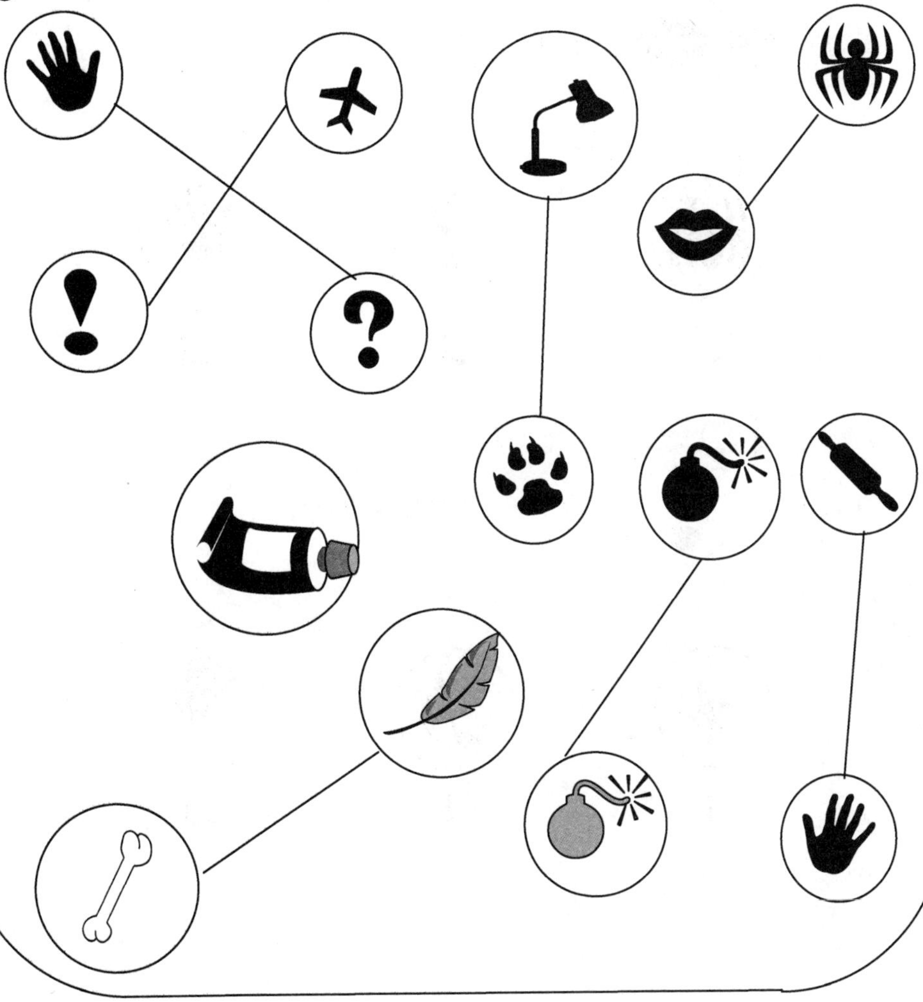

(1) 这个图案 🐾 与以下哪一个图案配成一对？

💣　　　💡　　　🕷

☐　　　☐　　　☐

(2) 这个图案 👄 与以下哪一个图案配成一对？

🕷　　　❓　　　✋

☐　　　☐　　　☐

(3) 这个图案 ❗ 与以下哪一个图案配成一对？

✈　　　♪　　　✋

☐　　　☐　　　☐

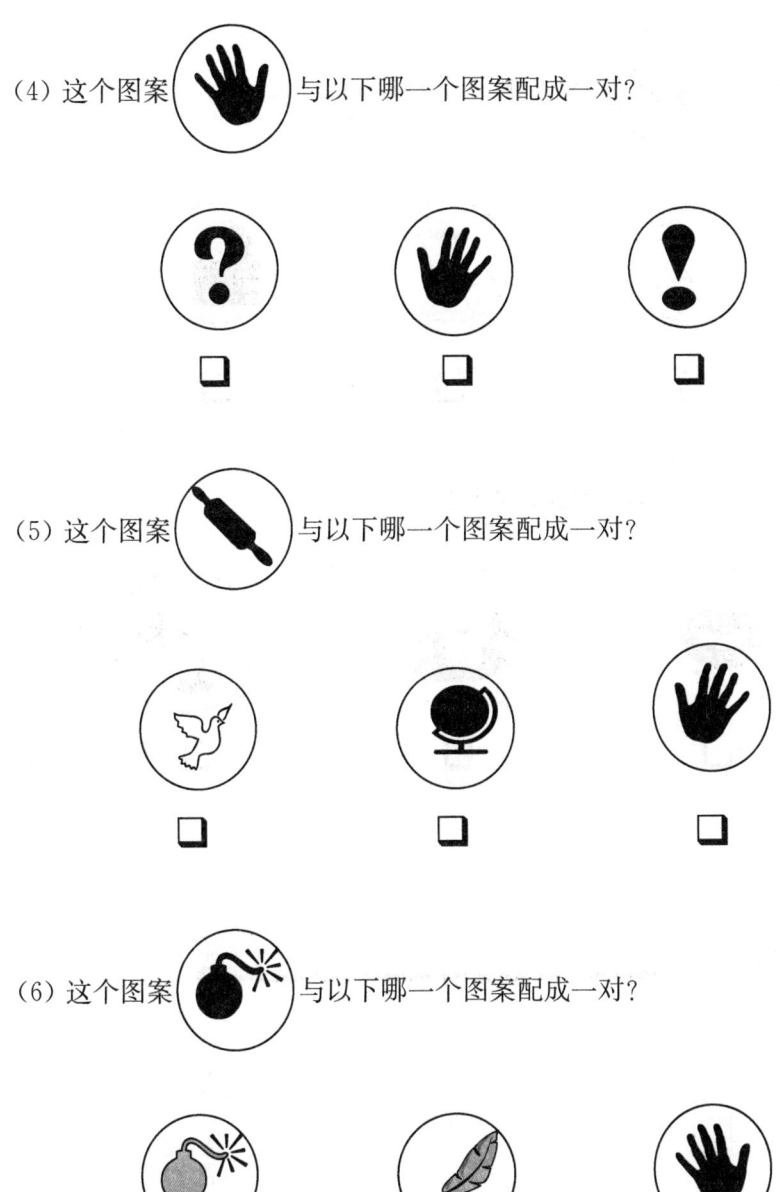

(7) 这个图案  与以下哪一个图案配成一对?

☐　　　　☐　　　　☐

(8) 下列选项中哪一幅图没有成对出现?

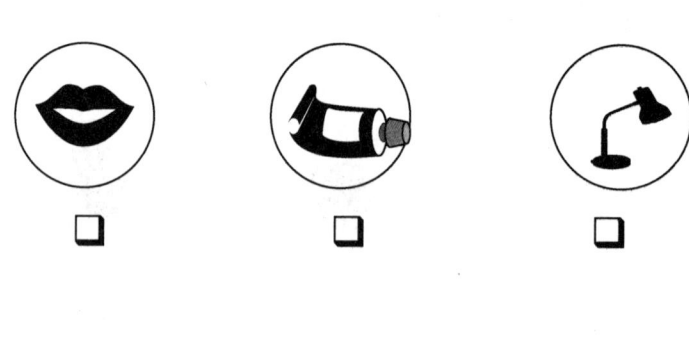

☐　　　　☐　　　　☐

# 纸牌游戏

42. 请在一分钟内仔细观察一下这些纸牌，然后回答下一页提出的问题。

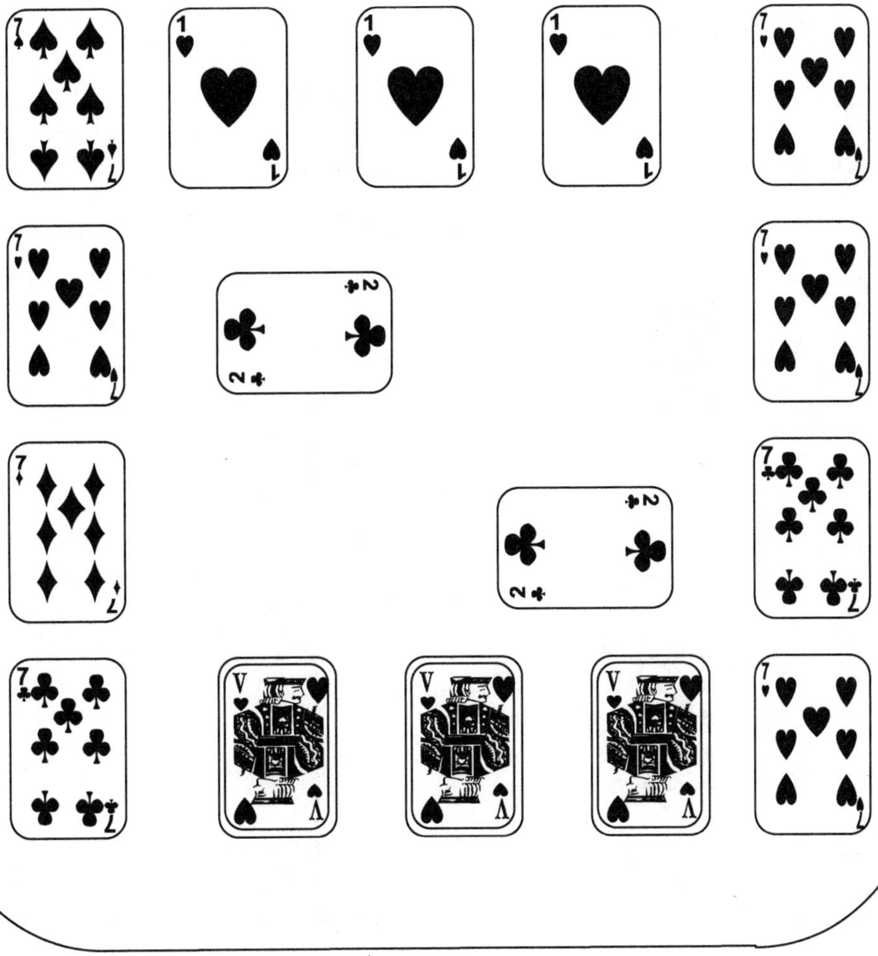

(1) 图中一共有几张纸牌?

☐ 12 张　　　　　　　☐ 16 张

☐ 14 张　　　　　　　☐ 18 张


(2) 图中一共有几张 A?

☐ 1 张　　　　　　　☐ 3 张

☐ 2 张　　　　　　　☐ 4 张


(3) 哪一种花色的纸牌出现得最多?

☐ 红桃　　　　　　　☐ 黑桃

☐ 方块　　　　　　　☐ 梅花


(4) 这张牌  出现了几张?

☐ 2 张　　　　　　　☐ 3 张

☐ 4 张　　　　　　　☐ 0 张


(5) 这张牌  出现了几张?

☐ 2 张　　　　　　　☐ 3 张

☐ 4 张　　　　　　　☐ 0 张

(6) 被水平放置的牌有几张?

☐ 2 张　　　　　　　☐ 4 张

☐ 3 张　　　　　　　☐ 0 张

(7) 这张牌 [梅花7] 出现了几张?

☐ 2 张　　　　　　　☐ 3 张

☐ 4 张　　　　　　　☐ 0 张

(8) 这张牌 [梅花A] 出现了几张?

☐ 2 张　　　　　　　☐ 3 张

☐ 4 张　　　　　　　☐ 0 张

(9) 图中被水平放置的两张牌是什么牌?

☐ 梅花 2　　　　　　☐ 梅花 A

☐ 红桃 A　　　　　　☐ 红桃 2

# 重组游戏

43. 请在一分钟内仔细观察下图,然后回答下一页提出的问题。

请按照原先图表重新排列这些标注有字母的图片,将与图片对应的字母填入相应的空格。

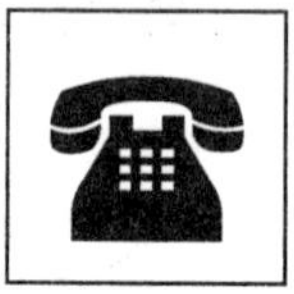

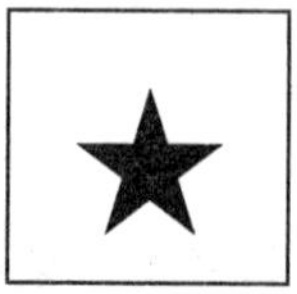

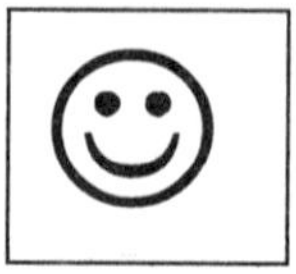

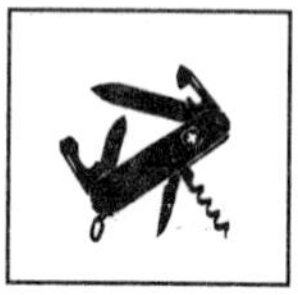

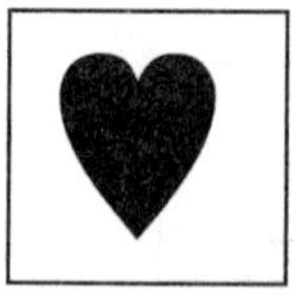

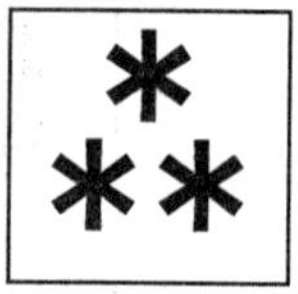

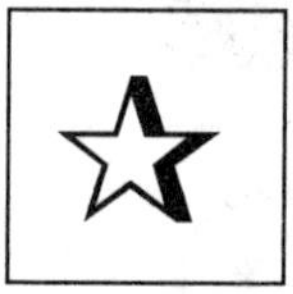

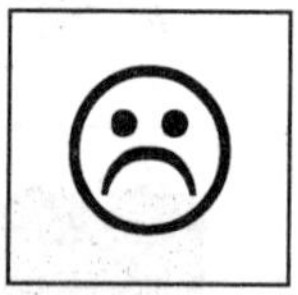

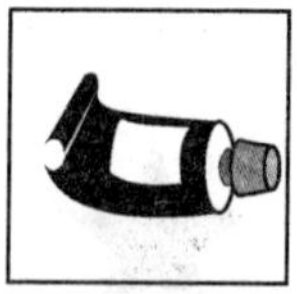

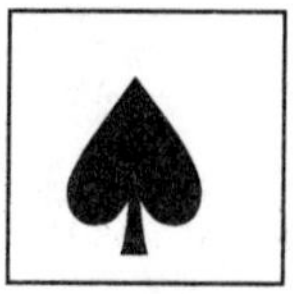

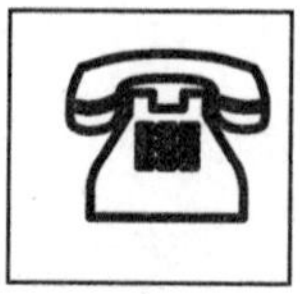

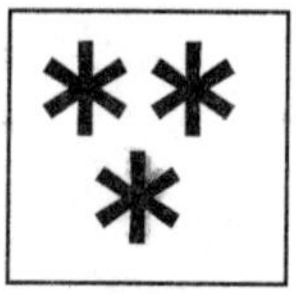

# 答 案

**1. 配对游戏**

(1) 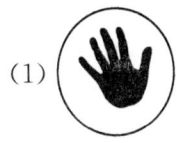   (2)    (3)    (4)

**2. 纸牌游戏**

(1) 7 张

(2) 0 张

(3) 红桃

(4) 3 张

(5) 4 张

**3. 重组游戏**

| i | d | h |
|---|---|---|
| g | c | b |
| a | f | e |

**4. 数字游戏**

(1) 9 个

(2) 2 个

(3) 方形

(4) 2 个

(5) 3

**5. 错行记忆**

(1) 不回答

(2) 塞甘先生

(3) 弄断绳索

(4) 山上

(5) 它们被狼吃掉了

(6) 他已经丢了 6 只山羊

**6. 混搭画面**

(1) 5 个

(2) Génie　Glace

(3) 4 个箭头

(4) 向左

(5) 3 个

(6) Essor

(7) Génie

(8) 3 个元音字母

(9) 2 个辅音字母

(10) 10 个元音字母

**7. 购物清单**

(1) 马利翁

(2) 马利翁

(3) 朱斯蒂娜

(4) 2 个

(5) 1 千克

(6) 法棍

**8. 视觉集中力**

(1) 6 颗

(2) 7 个

(3) 2 个

(4) 让——玛丽

(5) 让——皮埃尔

**9. 完形填空**

按顺序所填文字如下：

船员们——信天翁——懒洋洋——翅膀——船桨——滑稽——难看——诗人——巨翼——前进

**10. 多米诺骨牌游戏**

(1) 7 张

(2) 3 张

(3) 5 张

(4) 1 张

(5) 0 张

**11. 配对游戏**

(1) 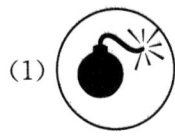   (2) 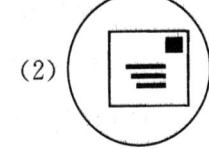   (3) 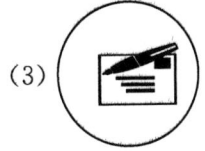   (4)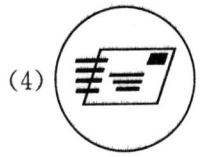

**12. 纸牌游戏**

(1) 8 张

(2) 2 张

(3) 黑桃

(4) 3 张

(5) 4 张

**13. 重组游戏**

| f | h | d |
|---|---|---|
| e | a | g |
| i | c | b |

**14. 数字游戏**

(1) 13 个

(2) 4 个

(3) 方形

(4) 4 个

(5) 8

**15. 错行记忆**

(1) 不回答

(2) 22 岁

(3) 热罗姆

(4) 他们是社会心理学家

(5) 那些事

(6) 乔治

### 16. 混搭画面

(1) 4 个

(2) 3 个

(3) 向上

(4) 1 颗

(5) 4 个

### 17. 购物清单

(1) 没有人

(2) 两人都要

(3) 法比耶纳

(4) 800 克

(5) 法比耶纳

(6) 1 根小棍面包

### 18. 视觉集中力

(1) 7 颗

(2) 3 个

(3) 5 颗

(4) 奥蕾利

(5) 3 颗

### 19. 完形填空

按顺序所填文字如下：

鳏夫 —— 不得慰藉的人 —— 逝去 —— 阳光 —— 意大利 —— 荒凉 —— 红唇印 —— 成功 —— 俄尔甫斯 —— 叹息

### 20. 多米诺骨牌游戏

(1) 7 张

(2) 1 张

(3) 1 张

(4) 0 张

(5) 3 张

**21. 配对游戏**

(1) 　(2) 　(3) 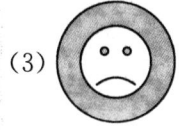　(4)

(5) 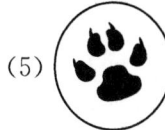　(6)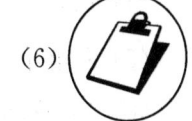

**22. 纸牌游戏**

(1) 11 张

(2) 5 张

(3) 梅花

(4) 3 张

(5) 0 张

(6) 红桃 8

(7) 2 张

**23. 重组游戏**

| i | g | f |
|---|---|---|
| h | d | e |
| c | b | a |

**24. 数字游戏**

(1) 10 个

(2) 3 个

(3) 矩形

(4) 2 个

(5) 9

**25. 错行记忆**

(1) 不回答

(2) 3 个儿子

(3) 一栋宅子

(4) 能证明学的手艺最令人信服

(5) 马蹄铁匠

(6) 理发师

## 26. 混搭画面

(1) 4个

(2) 2个

(3) 2个

(4) 5个

(5) 3个

(6) 1个

(7) 3个

## 27. 购物清单

(1) 没有人

(2) 蒂埃里

(3) 朱丽叶

(4) 200 克

(5) 朱丽叶

(6) 2 片火腿

(7) 1 千克黄香蕉苹果

(8) 6 块羊排

## 28. 视觉集中力

(1) 3个

(2) 1个

(3) 1个

(4) 露西尔

(5) 巴蒂斯特

## 29. 完形填空

按顺序所填文字如下：

猫咪——夜色——凝脂——猫爪——赏心悦目——邪恶——致命——剃刀——爪子——魔鬼——闺房——眼镜

## 30. 多米诺骨牌游戏

(1) 10 张

(2) 5 张

(3) 4 张

(4) 0 张

(5) 3 张

**31. 配对游戏**

(1) 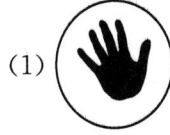  (2) 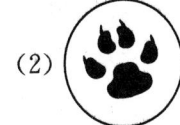  (3)   (4)

(5)   (6)   (7)  (8)

**32. 纸牌游戏**

(1) 14 张

(2) 6 张

(3) 红桃

(4) 3 张

(5) 0 张

(6) 3 张

(7) 4 张红桃 A

(8) 4 张

(9) 梅花 A

**33. 重组游戏**

| k | l | f | d |
|---|---|---|---|
| g | c | a | b |
| h | j | e | i |

**34. 数字游戏**

(1) 15 个

(2) 3 个

(3) 圆形

(4) 7 个

(5) 7

**35. 错行记忆**

(1) 不回答

(2) 布尔东大道

(3) 33°

(4) 白色

(5) 星期天

(6) 领带

## 36. 混搭画面

(1) 4个

(2) 4个

(3) 5个

(4) 3个

(5) 向上

(6) 向下

(7) 3个

## 37. 购物清单

(1) 波利娜

(2) 波利娜

(3) 波利娜

(4) 700克

(5) 波利娜

(6) 400克

(7) 600克碎肉

(8) 3盒

(9) 12棵

(10) 6片

## 38. 视觉集中力

(1) 10个

(2) 3个：若里斯,让和约翰

(3) 帕特里斯

(4) 奥德利

(5) 9个

## 39. 完形填空

按顺序所填文字如下：

征服——罪恶——找寻——风暴——亲吻——梦——谎言——啃噬——胸中——罪恶——被衾——死亡

## 40. 多米诺骨牌游戏

(1) 12张

(2) 4张

(3) 4张

(4) 0

(5) 4张

**41. 配对游戏**

(1)  (2)  (3)  (4)

(5)  (6)  (7) 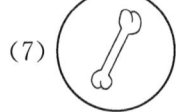 (8)

**42. 纸牌游戏**

(1) 16 张

(2) 3 张

(3) 红桃

(4) 3 张

(5) 4 张

(6) 2 张

(7) 2 张

(8) 0 张

(9) 梅花 2

**43. 重组游戏**

| j | h | d | l |
|---|---|---|---|
| k | g | f | a |
| b | i | e | c |